U0857571

Lishi de Fengshang　历史的风尚·肆

宋朝

珠玑罗绮竞豪奢

马骅◎著

中国质检出版社
中国标准出版社

北京

图书在版编目（CIP）数据

历史的风尚·宋朝／马骅著.
—北京：中国质检出版社，2018.7
ISBN 978-7-5026-4580-9

Ⅰ.①历…　Ⅱ.①宋…　Ⅲ.①社会生活—历史—中国—宋代
Ⅳ.①D691.9

中国版本图书馆CIP数据核字（2018）第060577号

出版发行	中国质检出版社　中国标准出版社	印　刷	中国标准出版社秦皇岛印刷厂
	北京市朝阳区和平里西街甲2号（100029）	版　次	2018年7月第1版　2018年7月第1次印刷
	北京市西城区三里河北街16号（100045）	开　本	880mm×1230mm　1/32
	总编室：(010) 68533533	印　张	7.75
	发行中心：(010) 51780238	字　数	175千字
	读者服务部：(010) 68523946	书　号	ISBN 978-7-5026-4580-9
网　址	http：//www.spc.net.cn	定　价	35.00元

如有印装差错　由本社发行中心调换

丛书编委会

序言 行走在宋朝的生活画卷

观赏这幅长卷，最好温一壶好酒或者沏一壶酽茶相配。

宽 0.25 米左右、长 5 米多的风俗长卷，仅所画人物就有 800 多人，神态各异，又都在情节冲突之中，只要有足够的耐心，便有无穷的妙趣让你叹为观止。

是的，它就是放眼整个世界都独一无二的《清明上河图》。实际上，它在绝大多数时间里，都安静地躺在北京故宫博物院恒温 15° 的地下库里，偶尔露出真容展出，就会引得人们叠踵而至，不惜花上几小时的排队时间。好在科技的发达，可以让我们在网络上方便地细细品味它的魅力所在。

北宋画家张择端所作的《清明上河图》，是我国 12 世纪初期一幅杰出的风俗画。它精妙绝伦地描绘了北宋徽宗时代首都汴梁（今开封）郊区和城内汴河两岸的自然风光和繁华景象，详实地记录了当时世界上最大城市的商业、手工业、建筑、交通、民俗、生活细节等与民生有关的事物，为后人了解和研究那个时代提供了第一手资料，其历史文献价值自然非同凡响。

徐徐展开画卷，浓厚的田园色彩首先映入眼帘。汴梁郊外地势高低起伏，道路自由布局，疏林薄雾中掩映着三五农家，一片柳林已吐出新绿，传达着春回大地的消息，小桥、流水、扁舟、老树、耕农、驮队、挑夫与轿马，透出一派生机。接着，进入最精彩的部分，汴河之上，来往船只首尾相接，有的满载货物逆流而上，有的停泊靠岸紧张卸货。河面上，拉纤的、摇橹的、卸货的、搬运的，一派忙忙碌碌。特别是横跨汴河的虹桥上下，乃交通咽喉要道，更是热闹非常。汴河两岸的街市，高大的城楼、官府衙门、民居宅院、作坊店铺、茶楼酒肆参差错落，鳞次栉比。街面上车水马龙，男女老幼、士农工商、官宦使臣、三教九流摩肩接踵，川流不息，显示出百业兴旺、商贸发达的景象。

北宋都城汴梁，是当时世界上最大的城市，人口至少在 130 万以上。北宋文学大家周邦彦在《汴都赋》中描述汴梁“竭五都之环富，备九州之货贿”，也佐证了汴梁汇聚天下财富的雄厚实力。

后人对宋朝有颇多误解，比如“弱宋”一说。诚然，宋朝疆土与汉、唐、明、清相比不够辽阔，而且历经辽、西夏、金和蒙古的外族入侵，先后三位皇帝被俘虏，最终被覆国。即便如此，“弱宋”的评价也是不够全面和公平的。宋朝崇文抑武，导致扩张意识不强，军事力量不足，但宋朝的经济实力与文明程度在当时的世界首屈一指。

相比两宋 320 年的跨度，同期的欧洲还处于黑暗时代，美洲尚在酣睡。以标志经济发展水平的城市规模为例，北宋的都城汴梁和南宋的都城临安（今杭州）都是人口超过百万的大城市，而欧洲彼时最大的城市也不过15万人口。

宋朝对从商者史无前例地宽松与体恤，造就了商品经济的高度发展，也使得宋朝政府财政收入的70%来自于工商税。最高时，每年的财政收入达到1.6亿两白银，北宋中后期为8000万~9000万两，即使失去了半壁江山的南宋，年财政收入也有1亿两。

国家富裕，百姓的生活负担便轻松许多，也有条件寻觅生活中的乐趣。所以有人说，宋朝是中国历史上最具幸福感的朝代，并非虚妄之言。

在它之前，在它之后，在同时代的全世界，没有任何一个封建王朝能像宋朝这么富裕、开明，我们从《清明上河图》也可以对这一点做管中之窥。

但管中之窥，毕竟只是一斑。两宋320年里，人们的生活究竟有着怎样的观念、方式和状态，那个时代的社会到底有着怎样的生活风尚，则需要用述诸文字、娓娓道来的方式才能相对全面地呈现。

那就来一场由《清明上河图》勾起的历史之旅，行走在宋朝的生活画卷里吧。

马　骅

2018年5月

目录

第一辑 岁时节令，流转不息

宋朝是雅与俗融合得最让人心动的朝代。那时的人们，无论处于怎样的社会阶层，在节日文化中总能找到全民欢腾、其乐融融的状态。一个节日又一个节日，记录着宋朝作为全民盛世的面貌。

第二辑 天下美味，食指大动

民以食为天。宋朝人用时代赐予的口福告诉后世，他们的“天”容得下斑斓的色彩，容得下奇异的流香，容得下百般的滋味。他们甚至可以骄傲地说，我们是最懂的食客。

第三辑　一盏香茗，如对佳人

不客气地讲，今人在茶艺茶道上的作为，在宋朝人那里只能俯首汗颜。如果只能选一个朝代去讲“茶禅一味”，毫无疑问，那只能是宋朝。因为，它是茶的一个巅峰。

第四辑　得酒诗成，旷达酣适

酿酒工艺的突破，酤售生意的兴隆，可以使酒成为文人墨客的心头好，也可以使酒成为布衣黔首的日常饮。得酒诗成，与烟火微醺，如此自然地相守在同一个时代。

第五辑　宠物事小，大可怡情

宋朝人与宠物结下的情感，与现代人并无二致。“梅妻鹤子”的故事就发生在宋朝，现代人可以借着这个故事，去了解宋朝人在饲养宠物上充盈的文化意味。

第六辑　体育健身，亦是热潮

宋朝最快的快递，“日行四百里”，它是靠长跑者接力完成的。当然宋朝的体育运动不都是这么累，休闲娱乐是宋朝全民健身的主基调。

第七辑 媒妁之言，殊为不易

“父母之命，媒妁之言”，宋朝的单身人士并不比今天轻松。“幸福的人都是一样的，不幸的人各有各的不幸。”宋朝的婚姻，也是如此。

第八辑 各行各业，皆有可为

所谓盛世，应该是全民性质的。社会的每个阶层，都能有所作为，靠着诚实劳动和聪明才智获取财富，在物质富裕的同时，有着自己精神的追求和心灵的放逐空间。宋朝就是这样的全民盛世。

第一辑

岁时节令，流转不息

宋朝是雅与俗融合得最让人心动的朝代。那时的人们，无论处于怎样的社会阶层，在节日文化中总能找到全民欢腾、其乐融融的状态。一个节日又一个节日，记录着宋朝作为全民盛世的面貌。

沸沸扬扬的新年
——元旦

1068 年，北宋神宗皇帝一道圣旨，王安石领了宰相之职。

念想着在新的岗位，可以大力实行变法革新，施展富国强民的抱负，王安石常常心潮澎湃。新年将至，看着家人忙碌而快乐的身影，王安石不禁诗兴大发，一首《元日》就此载入历史。诗曰："爆竹声中一岁除，春风送暖入屠苏。千门万户曈曈日，总把新桃换旧符。"

元日，农历正月初一，在宋朝唤作元旦，亦即现今的春节。

这一天，无论是高高在上的九五之尊、三公九卿，还是至为普通的贩夫走卒、农耕之人，都将以特有的庆贺方式拉开新年的幕帘。也许这一年，忐忑流离或者幸福安居尚是未知数，但又有什么理由不对新的一年寄予美好的希望呢？

好在这是历史上最富裕文明的朝代，它经历的绝大多数的元旦，都写着平安、祥和、喜庆这类词，譬如这一天。

凌晨，皇宫内的三茅钟鸣，皇帝随即起身，宫人伺候他穿戴好靴袍、幞头、玉带，前往福宁殿龙墀及圣堂焚香，祈祷丰收之年。

接着，皇帝一行往天章阁祖宗神御殿而去，在那里他严肃恭敬地行“酌献礼”，给祖先上供。

元旦的日程安排着实紧凑，皇帝尚在赶往东宫的路上，太后已然身披华服，端坐在东宫等着皇帝前来向她祝贺新年。

给太后拜完年，皇帝回到福宁殿，皇后、太子、皇子、公主、至郡夫人、内官等，早已各就其位等着向他作新年祝贺。接受完自家人的祝贺后，皇帝才往大庆殿出发，官方的元旦朝会需要他的莅临才可以正式启动。

皇宫内，昨夜欢腾的气息还未散去，仿佛要衬托这特殊的一天。

昨夜，是为除夕。香烛、火盆和烟火的光亮，红映霄汉，如同白昼；爆竹、鼓吹之声，喧阗彻夜。尤其内廷殿司购进的屏风炮杖，外画钟馗捉鬼之类的画，内藏引线，点着引线后，一连几百个炮，响声连绵不绝，如山呼海啸一般，煞有气势。

热闹中，更让人聚集目光的，是宫内唤作“大傩仪”的驱逐疫鬼仪式。皇城亲事官，随驾的卫士们，戴假面具，穿或绣或画的各色衣服，手执金枪龙旗；教坊使披全副镀金铜盔甲，装扮为将军；两位镇殿将军也全身甲胄，扮演起门神；又有长相丑陋身材魁梧的教坊艺人，充当判官的角色；加上装扮钟馗及其小妹和土地神、灶神之类的各色人等，共计千余人。仪式的终极目的，是将想象中的疫鬼驱逐出皇宫禁地，参与的众人敲敲打打地从南薰门出去，到城外的转龙湾，谓之“埋祟”，整个仪式才算落下尘埃。

除夕之夜，宫内的吃喝玩乐，比往日更具噱头与精彩。内司意思局进呈的精巧消夜果盒，列放种种食品珍玩，如十般糖、澄沙团、韵果、蜜姜豉、皂儿糕、蜜酥、五色萁豆、银杏等；另外，玉杯宝器、珠翠花朵、犀象以及赌博玩具、销金斗叶，无不具备，无不以奇巧奢侈求胜，而这一盒需要的费用，相当彼时中等人家十户的资产。

凌晨中的大庆殿堂夜里就准备妥全，而此时的宫门外，百官和各国使节、少数民族代表早已依例等候。一直到天色微明，等听到虾蟆梆鼓的响声和执梃人的传唤，宫廷役吏方才打开宫门。门外的一众人等才列队进入皇宫。

大庆殿，可容纳数万人。四名身穿铠甲的雄壮威武的武士站在殿角，称为镇殿将军。两廊陈列着法驾、卤簿、仪仗。兵部设黄旗仪仗队五千人，从宫门一直到大殿，金吾军执大仗黄旗站在大殿内外，殿阶列十把清凉伞。

参加元旦朝会的人，有三师、三公、宰执、三省、宣徽院、翰林院、六部、御史台、秘书省、外正副任等官员，还有各地的举人解首，以及各国各藩的朝岁使者。

朝会的仪式性非常强，文武百官穿戴着冠冕朝服，举人解首则穿着青边白袍的士服。

地方各州进奏吏带来地方献礼，各国各藩贺岁使人员众多，如辽、西夏、交州、回纥、于阗、南蛮五藩等，按规矩他们都排好队耐心等候皇帝的召唤。

皇帝御辇来到时，一片清跸之声，乐队奏“乾安乐”，皇帝转过玉屏，在龙椅上落座。此刻的皇帝已换了一身隆重的行头：头戴通天冠，身着绛纱袍，足蹬白袜黑靴，十分威严。殿中香烟缭绕，一片肃穆庄严景象。

宰执、枢密使率领百官向皇帝祝寿，行舞蹈之礼，多次跪拜。禁卫人员高声呼喝，声如振雷，名唤“绕殿雷”。

太尉代表百官祝福皇帝“万寿无疆”，之后皇帝发表新年贺词，内容基本上是对大家表示感谢，回顾过去，展望未来。

众人又跪拜、舞蹈，最后在钟鼓琴瑟和鸣中，皇帝走下龙椅，百官、贺使退下，朝贺仪式结束。

元旦当天皇宫的御膳房进进出出皆是格外忙碌的身影，皇帝元旦朝会的赐宴，依靠的全是他们的精工和服务。

赐宴设在大殿内外。亲王、高品级官员，三师、三公，升殿入席，其他就座于廊下。群臣宴席上再次向皇帝祝寿。

元旦朝会各少数民族代表服装各异，尤其引人注目。朝见后，皇帝会立即赐给他们汉装、锦袄之类。

宋朝的大国风范在外交礼节上丝毫没有轻慢，即便是疆场互相杀的对手，朝廷依旧安排了辽国使节年初二去大相国寺烧香，年初三在南御苑射箭。射箭这天，朝廷挑选出善射的武臣伴射。辽国使者用弩子射箭，先由一个裹无脚小幞头、穿锦袄的辽人，把弩子踏开、舞旋、搭箭、瞄准，后由辽使校正、发箭。宋朝伴射武臣射中目标，皇帝会赏赐闹装、银鞍、马、衣服、金银器物。射箭活动观者如堵，如果宋朝的伴射武臣得胜，京城人民在街上争呼口号庆祝，这似乎也是外交场合中的暗暗较量吧。

完成朝贺任务的使者在向皇帝辞行时，会享受到饯行的赐宴，马匹、银、帛等回礼自然也少不得。

南宋迁都临安，朝廷庆祝元旦的大朝会停了十多年，直到绍兴十五年（1145 年）才又开始，南宋以文德殿为大庆殿，设黄旗仗三千三百人，比北宋减少三分之一。朝会后次日改去灵隐寺进香，朝廷的元旦朝会更趋于程式化。

走出富丽堂皇的皇宫，元旦这一天的民间也是人气爆棚。汴梁城开放关扑（赌博游戏）三天。市民们难得这么嚣张，情绪高昂，各种和赌博配套的服务尽善尽美，连贵族妇女都到赌场里参观，顺手赌上一把，看热闹以外，博取好彩头也是一个理由。

元旦，一年之首，宋朝的人们在热气喧腾的张扬中，也依然执着地践行前人留下的种种习俗：

鸣放爆竹自然是首选，震耳欲聋的“噼里啪啦”声中，辞旧迎新和驱邪辟鬼的味道充盈在欢乐的空气中。

更新衣，至爱亲朋之间互拜新年、互道祝福，也是这一天不能或缺的礼仪。

屠苏酒、椒柏酒，是元旦餐桌上最常见的饮品，它们都属于防病药酒，饮之可以祛瘴气、防瘟疫，代表着一年里身体康健的愿望。

挂桃符、贴春联、贴钟馗像，既有驱邪的寓意，又增添了喜庆的气氛。

乞如愿的习俗更有符号学的意义，用细线绳拴一锦人，投入粪堆中，执杖痛打。这个锦人就是一个叫如愿的婢女的象征物，她无所不能，但是在元旦这天晚起，需要打出来，使人如愿。

较之传统更精彩出色之处，乃是宋朝元旦的城市中，娱乐活动增多，商业活动形成高潮，庆祝时间延长，这是物质富裕之后的必然。

元旦这天，街上搭起彩棚，各色各样货物摆设得令人目不暇接。娱乐之所人声鼎沸，一片歌舞升平。节日里官府也允许赌戏开放，纵人玩赏。

宋朝的士人还发明了在元旦这天贺年投刺的风习。“刺”，古代用竹，刻上自己的名字，交给想要拜见的人，相当于今天的名片。读书之人，元旦这天，每到一门就喊几声，留一刺字表示来过，这就是宋朝贺年新方式了。

宋朝的元旦活动，不限于元旦一天，从初一到初七，习俗是一天占一物。正月一日为鸡日，二日为狗日，三日为羊日，四日为猪日，五日为牛日，六日为马日，七日为人日。初一画鸡在门上……七日贴人在帐子上。这种风俗表现了人们对于人寿年丰、六畜兴旺的殷殷期盼。

新的一年，新的一天，在任何时代，总会被人们赋予诸多美好幸福的寄托。大宋朝320年历史，彼时的人们有幸在其中绝大部分的元旦，以富裕安宁的心态来装扮它、庆贺它，这不也是后人读史的一种幸运邂逅吗?

灯火映照的狂欢
——元宵节

东风夜放花千树。更吹落，星如雨。宝马雕车香满路。凤箫声动，玉壶光转，一夜鱼龙舞。

蛾儿雪柳黄金缕，笑语盈盈暗香去。众里寻他千百度，蓦然回首，那人却在，灯火阑珊处。

辛弃疾这阕《青玉案·元夕》，将宋朝元宵之夜的美轮美奂，隔着近千年的光阴赠送给我们的想象力，如此炫目无比。

花千树是硕大的灯山的比喻，星如雨则是连连冲上天空的烟火盛景，蛾儿、雪柳、黄金缕是元宵夜里妇女头上、身上精美花俏的饰品。读这阕词，欢腾的场面让人如临其境。

正月十五元宵节，又称为灯节。宋朝的元宵节，是全民狂欢节，是一年中气氛最沸腾火爆的节日。宋朝元宵节放灯，最初为三天，后来增加到从正月十四到正月十八共计五天，可比今天的黄金周。

既然叫灯节，灯就是绝对的主角。宋朝制灯工艺已相当精湛，灯的品种日益趋多，花样繁复。

苏州的制灯工艺冠绝天下，体积大的直径能达到三四尺，用五色琉璃做成，灯上的山水人物、花竹翎毛让人啧啧称奇。

福州的灯，有的纯用白玉制作，耀眼夺目，如清冰玉壶，令人赏心悦目。

新安所进的灯极具特色，即使是灯的圈骨也都用琉璃做成，可谓精妙无比。

《武林旧事》列举了当时颇为著名的一些灯品：

无骨灯，用绢囊包着粟，烧好以后去掉粟，看起来就像剔透的玻璃球；

珠子灯，以五色珠为网，下垂流苏，以龙船、凤辇、楼台故事为表现对象；

羊皮灯，镞镂精巧，五色妆染，像皮影戏一般；

罗帛灯，画着百花、细眼，间杂红白之色，以“万眼罗”者最为奇特；

绢灯，上面画着人物，写上诗词，藏头隐语，算得上是我国灯谜的发端。

宋朝灯具制造商，已经懂得并利用气流涡旋的原理，用五色蜡纸、菩提叶制作影戏灯，马骑人物旋转如飞，也就是我们今天常说的走马灯，可见当时的人们为了元宵节着实费尽了心机。

北宋都城汴梁和南宋都城临安，富庶繁华，也是元宵灯会规模最大、灯具最好、品种最多之地。

宋朝元宵节灯会的准备年前就开始了，近的在冬至之后，更早的在农历九月赏菊灯之后。

《东京梦华录》记载，正月初七这天，汴梁宫城大内在已经搭建好的木制山棚上挂灯结彩，灯上大多画着群仙故事。灯山左右结成文殊菩萨骑狮子、普贤菩萨骑白象的彩结模型，菩萨的手臂能够活动，手指竟然可以喷射五道水柱。原来是用辘轳将水绞上山棚顶上，用木柜储存，定时放水，如瀑布下泻一般。还有用草扎成的两条巨龙，用青布遮住，草龙内放置万盏灯烛，望之蜿蜒盘旋，如双龙飞跃。

南宋临安的灯展更是将汴梁的山棚升级为鳌山。《武林旧事》描述说，皇宫指令制作琉璃灯山，高达五丈，人物造型的灯都用机关控制活动，这些机关隐藏在结成的大彩楼里。另外在殿堂、梁栋、窗户间做涌壁，灯具上表现着各种故事、龙凤喷水等，栩栩如生，是灯会里品级最高的。鳌山里的灯具，有千百种，极其新巧，奇奇怪怪，无所不有，中间用五色玉栅簇成“皇帝万岁”的字样。

都城中的大小寺院也是游客观灯的好去处。僧人们从腊月开始就开始化缘，准备元宵燃灯的油钱。元宵节来临，各个寺院都以新奇精巧的灯具吸引香客和游人。其中汴梁大相国寺的灯展最具特色，如诗牌灯，用木牌制成，木牌上雕有文字，外罩绢纱，里面燃放灯烛，这些诗牌灯依次排列，供观灯的市民一享猜谜之乐。

京城大街两旁的店肆同样以各式各样的灯吸引游人。《铁围山丛谈》记述，汴梁马行街“烧灯尤壮观，故诗人多道马行街灯火。”

宋朝中小城市的元宵之夜，也不甘落后于大城市。像成都，每夜点灯用的油就要 5 000 斤，其他费用可想而知。偏远的甘肃宁州城，每逢元宵，市民便去南山顶上，把盛着薪火的瓦缶，用环子和绳索串成一串，从上坠下，远远一望，就像天上的流星，因此它被当地人叫作“彗星灯”。

在殷实有加的时代，大小城市具备雄厚的财力，为元宵张灯创造了有利的条件。在这方面，苏州作为一座地方城市做得很“有范儿”。

苏州腊月里各式各样的灯就上市了。稀奇价贵的灯，引得人们争先竞买，甚至以赌博而定，输赢决定谁是灯的主人。

在灯的璀璨照耀下，市民们逐渐狂热起来。当然，与之相配合的还有吸引人的娱乐活动，整个城市像准备灯一样准备着各色生猛节目。

最炫目的是皇家的烟火。在元宵之夜，皇室观灯饮宴之余往往还会举行大规模的放烟火活动，以渲染节日的喜庆氛围。有一种叫地老鼠的烟火，大概是点燃之后会到处乱窜的烟花，有次竟然钻到太后的座椅下面，把太后吓得不轻。

艺人们都愿意把自己的拿手好戏在元宵之夜演出，因为这时观众最多，最易将绝妙的技艺加以传扬，所以这时的绝技最为集中。《东京梦华录》记载的鱼跳龙门、使唤蜂蝶、追呼蝼蚁这样的绝技，即使放至今日也难得一见。

使唤蜂蝶这样的魔术，会的人极少，只有庆历年间，有个叫张九哥的艺人，曾为燕王表演。他取一匹帛重叠，剪成蜂和蝶，蜂蝶随着张九哥的剪子飞去，或聚到燕王衣服上，或聚到美人钗髻上，这场面使燕王大悦。片刻，张九哥以怕失去燕王的帛为由，招呼蜂蝶一一飞回，一匹帛又完好如初。

这些绝技属于专业性的技艺，需要艺人长时间的钻研才能在公众面前出演。在元宵夜较多的是群众性自娱自乐演出，娱乐的市民构成了狂欢元宵的主体。

宋人笔记如《梦粱录》《东京梦华录》《西湖老人繁盛录》等，记载着这样欢愉的盛况：

临安的舞队，竟有达千人之多，舞蹈演出从冬至以后就陆续开始了，她们故意穿上奇装异服吊足了市民的胃口，舞蹈内容以人物故事为主，将唱、念、做、打兼容一体，完全是一场歌舞戏剧大汇演。

像“村田乐”以乐旦、正末扮为一对在农村劳动的伙伴，用唱对念，表现了田野丰收的喜悦之情。“瞎判官”表现的则是戴假面、留长髯、着绿袍、穿靴抱简的钟馗形象。更奇异的如“抱锣装鬼”，表演者穿着帖金花的青衣和皂裤，赤着脚，携带着大铜锣，装成厉鬼，踏着舞步在歌舞队伍中引人入胜。

元宵之夜，还有动人心魄的“武舞”：一人舞大旗，一人翻筋斗；人在旗中扑，旗在人中卷。“狮豹蛮牌”又是另一种格调：许多挥舞木刀枪、持兽面盾牌的健儿击刺打斗，在乐队奏出的“蛮牌令”中，他们变化阵势，两两对舞。

演傀儡戏的，有踢蹬鲍老、交衮鲍老，也都是故意把身躯扭得极其夸张诙谐，引人发出阵阵哄笑。

从正月十五日到十九日这五夜，官府每夜都派官员点视舞队，规定舞队南到升阳宫表演，赏酒烛；北至春风楼表演，赏钱，这就是所谓的皇家“买市”。

皇家所买的还包括元宵的“节食”，那就是小贩们向市民大肆兜售的乳糖圆子、水晶脍、韭饼、蜜煎、生熟灌藕、南北珍果……

苏州为了迎接元宵家家碾筛米粉，做成名为“圆子”的米粉丸，这就是直到现在人们一到元宵节还必吃的汤圆。市民还吃麦芽熬成的白饧，吃这种糖，能去乌腻，所以又叫“乌腻糖”。

临安的元宵食品，和苏州又不一样，市民吃食物的劲头还没有看卖食品的兴趣大，因为官府派出的官吏用大口袋满装纸币，只要遇上小贩，便进行犒赏。于是，小贩中的狡黠者，用小盘子装几片梨、藕，一次又一次从拥挤的人群中挤到官吏面前，请支“官钱”。官吏虽然明知他已经请过“官钱”，也不去计较，这是节日的宽泛之举。

宋朝官府对元宵之夜所制定的指导思想是只需痛快，百无禁忌。整年身居深宫的皇帝也非常需要狂欢元宵来调剂精神，几乎每年的元宵之夜，皇帝都要走出皇宫，深入民间，与民同乐。

节日的夜晚，无论王公贵戚，还是普通百姓，男女老少成群结队走上街头赏灯游乐。富贵人家的车子前面，挂着灯球、灯笼，女子们精心打扮妆容，头上、身上佩戴着珠翠、闹蛾、玉梅、雪柳、菩提叶、灯球、销金合、蝉貂袖、项帕，她们大多穿着白色的衣服，因为这样更适合在月色之下展现自己的美。有些喜欢玩耍的人，用白纸做成大蝉，称为“夜蛾”；还有用枣肉炭屑做成球，系在铁丝上点燃，叫“火杨梅”，穿梭于元宵熙熙攘攘的人群中。

宋朝说经话本《花灯轿莲女成佛记》生动形象地描写了元宵之夜热闹非凡的场景：

“当日正是正月十五日元宵，邻近有几家老成的妇人，相呼相唤看灯，因此叫女儿同去。于是众簇着，迤逦长街游看。真是好灯！怎见得：笙箫盈耳，丝竹括街。九衢灯火灿楼台，三市绮罗盈巷陌。花灯万盏，只疑吹下满天星；仕女双携，错认降凡王母队。

灯下往来翠女，歌中相斗绮罗人。几多骏骑嘶明月，无限香车碾暗尘。当下，莲女和街坊妇人女子往来观看花灯，来到能仁寺前，扎个鳌山，点放诸般异样灯火，山门大开，看灯者不分男女，挨出拥入。莲女见，也不顾街坊妇女，挨将入去看灯。真个好灯：三门两廊，有万盏花灯，照耀如同白日。”

在这个话本里，您看到“仕女双携”这个词，这也是宋朝元宵节的一个风俗。年轻的男子女子，在元宵节这几天，可以摆脱平日的约束，相约一起游玩。携手并肩，亲密相伴，也许美好的爱情和更远的终身大事就在满天的灯火中开启序幕。欧阳修的《生查子·元夕》中“月上柳梢头，人约黄昏后”两句，描写的正是此情此景，多么美好的一幅爱情画面!

在美如银河的灯流中，在熙熙攘攘的人流中，寻寻觅觅，不期想那人却在灯火阑珊处，正回眸相望，岂不是妙事一桩?

祭祀踏出的春天
——寒食与清明

“佳节清明桃李笑，野田荒冢只生愁。”诗人多是善感的，即使在清明时节的盎然春色中，黄庭坚也忍不住抒发一下凄苦的愁思。与这种主观情绪形成对比的是，《东京梦华录》的作者孟元老则是客观记录了宋朝清明节的游乐景象。他写道：“四野如市，往往就芳树之下，或园囿之间，罗列杯盘，相互劝酬。都城之歌儿舞女，遍满园亭，抵暮而归。”

清明节即是寒食节的第二天。宋朝以冬至后105天为寒食，又称为“百五节”“禁烟节”。这一风俗起源很早，相传晋国公子重耳取得政权以后，有大恩于重耳的介子推不愿为官，隐居山林，为找到介子推，重耳下令放火烧山，结果却将介子推烧死了。为了纪念介子推，寒食前后共计三天不举火是传袭很久的习俗。

寒食的前一天在宋朝叫“炊熟日”，每户人家在“炊熟日”之前提前准备好未来三天的饭食。《东京梦华录》记载，这天人们把面做成的枣饼飞燕串起来插在门楣，谓之“子推燕”。无论官民，家家插柳，门口屋檐一片青绿，景象新鲜。

寒食节，宋朝人会举行冠礼。我国古代男子二十而冠，女子十五而笄，表示已是成年人。什么时候举行冠礼，前代没有统一规定，直到宋朝形成寒食举行冠礼的习俗。

清明节取新火的习俗在宋朝也得到继承。这一天，皇宫内的侍者会用榆木钻火，最先进火者还奖给“金碗、绢三匹”。皇帝把火赐给臣僚，这是钻燧取火风习的延承。

担酒上坟扫墓以尽思时之敬，是宋朝寒食和清明最重要的节日活动。

皇宫对扫墓格外重视，宫室的亲戚也分别到各陵墓祭祀拜陵。宋朝祖先陵墓在河南，南渡后只有临时的殡葬地。皇室近亲也分别派人到诸陵“行朝享礼”。清明这一天对诸宫王妃、各王子的坟墓也要进行享祀礼。北宋时，皇家还出车马到奉先寺道者院，祭祀诸宫人坟。扫墓队伍浩浩荡荡，人穿金装，车挂紫幔，锦帛缠额，珠帘垂窗，一派皇家气象。随皇家祭陵的禁卫军列队跨马，奏响军乐。他们旌旗鲜明，军容雄壮，人精马锐，看热闹的百姓塞满了道路。

扫墓祭祖作为一种仪俗，并没有多少伤感的气氛，相反宋朝的寒食和清明呈现出越来越多的娱乐性。

节日里的争标，是专门供皇帝欣赏的一种表演和竞技活动，包括水傀儡、诸军百戏、赛龙舟等，场面喧阗。

范成大的《寒食郊行书事》将镜头对准了节日的民间：“媪引

浓妆女，儿扶烂醉翁。深村时节好，应为去年丰。”女性打扮得俏丽，男性以饮酒为乐，心思已不在坟中的逝者，而是放在时节的游乐上，这都是去年有了好收成的缘故。

清明节，东京街市上卖祭品的很多，纸扎的阁楼都堆在铺子门前，又是一道时令风景。携运祭品前往郊外扫墓，人们也借此形成清明踏青的习俗。这个时节，天气晴和，气候宜人，花红柳绿，人们都到著名园林观赏花木，或到郊外观赏春景。人们在这天也会喝酒，暮色降临时才带着醉意回到城市。回去的时候，人们带着枣饼、炊饼、黄胖（泥娃娃）、名花异果、山亭戏具、鸭卵鸡雏等乡下的土特产。回城的轿子用摘下来的杨柳杂花装饰，从轿顶四垂而下，很是清新耀眼。

整个寒食前后，东京的坊市会卖各种当令食品如稠饧、麦糕、乳酪、乳饼之类。

南宋以后，临安人清明游春更为普遍，祭扫多在南北两山之间。一时车水马龙，女子们淡妆素衣，牵着孩子，提着酒壶和菜肴点心，到村店人家，吃喝休息，一直要到晚上才回家。

这一天，富人们尤其爱到著名的园林饮宴寻欢。车马往来繁盛，临安城门那里都出现了堵车现象。西湖更是游人喜爱的地方。彩舟画舫上，有钱人家随船行乐。这一天还有龙舟比赛可以观看。临安城里的，不论贫富倾城而出，笙歌鼎沸，锣鼓喧天。

西湖苏堤一带桃柳荫浓，红翠间错，寒食节里的各种文娱演出就在这里进行。有走索、骠骑、飞钱、抛钹、踢木、撒沙、吞刀、吐火、跃圈、斛斗、舞盘和各种禽虫之戏。还有外地来的乐伎，吹拉弹唱。游西湖的人们在船上听歌看舞、喝酒作乐，不知不觉就到了晚上。直到月上柳梢，湖面上的歌声、丝竹声还此起彼伏。下船上岸回家时，男骑马，女乘轿，童仆挑着木鱼、龙船、花篮、闹竿等回家，准备馈赠亲友。

这些享乐活动自然带动了节日消费的兴旺。应该说，宋朝人早就认识到了假日经济的价值。

秋日莅临的高潮
——中秋与重阳

中秋

时至农历八月十五，秋天恰好过半，中秋节以格外清丽的面貌莅临，此时金风荐爽，玉露生凉，丹桂香飘，银蟾光满。宋朝人自然不会浪费如此美妙的时令，诗意和市井气息夹杂是这个节日最明显的特征。

饮酒赏月是当时人们首要的节日活动。从《东京梦华录》里我们可以一窥当时京都汴梁的节日景象。中秋之前，酒楼沽售的皆是新酒，重新装修结彩的门面，悬挂的花头画竿和醉仙锦旗彰显着浓厚的节日气氛。因为前来喝酒的人络绎不绝，到了八月十五的中午，各家酒楼已经无酒可售，索性收起了门口的幌子。入夜，富贵之家在装饰富丽的台榭，民间市人则争占酒楼，在同一轮明月的照耀下，一边赏月，一边聆听鼎沸连绵的丝篁之声。挨近皇宫而居的人家更是有幸，宫廷里传来的笙竽音乐，宛若云外而来。坊间的儿童们，难得可以通宵嬉戏玩耍，而夜市更是聚集了游赏的人们，一直到东方见晓方才散去。

《梦粱录》也记录了临安城人们热衷于中秋节的种种表现：王孙公子、富家巨室，登高楼临轩赏月，或者登广榭，于筵席间，在节奏铿锵的琴瑟伴奏下，豪饮高歌，通宵恣肆欢畅。一般商人之家，也会登上小小的月台，安排团圆家宴，以酬佳节。即便是贫苦市民，哪怕将衣服典当，也要买些酒来，不肯虚度此夜。天街的夜市买卖，一直要经营到五鼓，赏月的游人婆娑于市，到了天明还能看见他们不肯离去的身影。

古时的人们把月亮看作是与太阳相对的太阴，自然就有所崇拜，《宋史·礼志》就载有宫廷祭祀月神的规定。民间人家也有中秋拜月的礼俗。全城人家，不论贫富，凡是能走路的，到十二三岁，都给穿上成人的服装，登楼或在庭院中，焚香祭拜月神，说出自己的心愿，以求得月神保佑。如中等人家，男子则求“早步蟾宫，高攀仙桂”，所以当时诗人有“时人莫讶登科早，自是嫦娥爱少年”之句；而女子则愿“貌似嫦娥，面如皓月”。

八月桂子飘香，传说月中有桂树，赏月与赏桂自然联系在一起，譬如临安的灵隐寺有桂树林，是那时的士人最爱的中秋游赏之处。

中秋观潮是临安特有的节日活动。钱塘江之潮，乃天下奇观，从十五日月圆到十八日为最盛。潮水刚从远处的海面而来，仅仅像银线一条，拍岸之时，则像玉城雪岭从天而降，声如雷霆，震撼激射，仿佛要吞没高天、涤荡太阳，气势极其雄伟豪壮。

这一天，钱塘江上还会举行水军实战演习，几百艘战船分列两岸，演习时船在水面奔腾穿梭，分分合合列出五阵之势，船上舞刀弄枪的士兵们如履平地，突然黄烟四起，水爆轰震，好似山崩，等到烟消波静，战船仿佛蒸发一样，仅有“敌船”为火所焚，随波而逝。

弄潮活动安排在水军演习之后。几百名善水的弄潮儿，披发文身，手持大彩旗，争先奋勇，迎浪而上，出没于惊涛骇浪中。最终谁手执的旗尾被沾湿得少，即算优胜，有钱之人，争抢着赏给他们银钱。

放灯是宋朝南方人点缀中秋节的浪漫之举。在浙江，夜晚来临之时人们会将“一点红”羊皮小水灯置于水面，多达数十万盏，水面如同缀满繁星的天空。

即便在今天物质极其丰富的情形下，月饼依然是人们过中秋节家家不可或缺的食物，可以肯定的是，月饼在宋朝已经作为甜食点心上市，很受人们的青睐。《武林旧事》中“蒸作从食”食单中，已有对月饼的记录。

宋朝的文人墨客，风雅冠绝历史，他们歌咏中秋的诗词举不胜举，最著名的有苏东坡的《水调歌头·中秋》和张孝祥的《念奴娇·过洞庭》等。他们留下的千古名篇，对于今人想象当时的中秋景象，实在是一份异常珍贵的礼物。

重阳

中秋之后不足一月，重阳节又掀起秋日游赏的高潮。

农历九月九日重阳节，古代民间认为这天是凶日，秋游登高可以避灾，插茱萸、饮菊花酒能够驱祸，后来发展成为一种高雅的风俗习惯。

宋朝人把茱萸拟人化地称为“避邪翁”。茱萸作为一味很好的中草药，可以祛风除湿，驱毒虫，还可以开郁、宣气、消食。重阳节时，宋朝人不仅要插茱萸，还会将它浮于酒中饮用。

“延寿客”是宋朝人对菊花的钟爱之称。重阳节来临，从宫廷到民间都要买菊、赏菊、饮菊、簪菊、咏菊，还要点菊灯、吃菊花饼，重阳节在某种程度就是菊花的节日。

菊花高洁的品格、傲霜的精神历来为人们所崇敬，千百年来人们精心培育它，至宋朝时业已繁衍到七八十种，《东京梦华录》记载的菊花品种就有：颜色黄白、花蕊像莲房一样的万龄菊，粉红色的桃花菊，白色花瓣、心为檀色的木香菊，颜色纯白、花朵巨大的喜容菊，黄色圆形的金铃菊，又白又大、心为黄色的金盏银台菊等。这一天汴梁城处处是菊，甚至酒店都用菊花将门窗装饰起来。

重阳节这天，在通往郊外高山、高阁和高塔的路上，是人们带着酒具、食盒的连绵队伍。他们在高处饮酒赋诗，采摘茱萸，兴尽方归。仓王庙、四里桥、愁台、梁王城、砚台、毛驼冈、独乐冈等汴梁郊外之地满目皆是游赏之人。

重阳节前一两天，几乎家家都要制作重阳糕并互相馈赠。糕上插着彩色小旗，点缀着石榴子、栗黄、银杏仁、松子仁之类的果实，还将用米粉做成的狮子蛮王置于糕上，称之为“狮蛮”。

节日里，宫廷要举办制灯、赏灯活动，寺庙办有斋会，汴梁的开宝寺、仁王寺更有狮子会，僧人们坐在狮子上作法事、讲经，吸引着大批游客比肩迭踵地前往。

未见萧条的冬天
——冬至、腊八与祭灶

冬至是我国古代一个很重要的节气，时间按公历算是 12 月 21 日到 23 日其中一天，是北半球全年中白天最短、黑夜最长的一天。古人认为，过了冬至，白昼一天比一天长，阳气上升，是一个吉日，所以值得庆贺。

俗语云：“冬至大似年。”在古代，冬至的重要性堪比新年。先秦时，每逢冬至，君主们都不过问国家大事，而要听五天音乐。百姓们也可不事生产，而在家尽情玩乐。汉代以后，无论是官方还是民间，冬至这一天都散发着热闹的节庆气息。

宋朝时，冬至是与寒食、元旦并重的三大节日之一，又称“亚岁”“冬除”“二除夜”，有的甚至也称“除夜”。

从冬至起，白昼逐日加长，黑夜一天天缩短。昼阳夜阴，天阳地阴，中国古代礼天崇阳，因此冬至日祭天是历代统治者都很重视的活动，是一项国家大典。

在宋朝，皇帝祭天的准备工作开始得很早，两个月前就开始训练车象。《东京梦华录》记有，大象一共七头，前面有几十面红色的旗子，伴奏的鼓锣鼙鼓也有十几面。每只象有一人跨其颈，身穿紫衫，头戴交脚幞头，手执短柄铜刀指挥大象。大象到了宣德楼前，排成行，面向北面而拜。

祭天的过程较为繁复，仪卫众多。祭天前皇帝要先行斋戒。冬至时，在皇城南郊圜丘祭天，皇帝按照礼仪官的引导完成早已熟悉的规定动作。冬至的朝会也很郑重，文武百官和外藩使者整齐地排列在殿中，宋朝俗称“排冬仪”。皇帝驾临前殿，接受朝贺。

普通人家也十分看重冬至。即使最穷之人，或拿出平时积攒的急用钱，或干脆借钱，也要置办新衣和饮食，祭祀祖先。

这一天，亦如元旦，开放赌博。当天车马喧嚷，街巷拥挤，行人往来不绝。大部分的店家在这一天都暂停营业，喝酒赌博，俗称“作节”。

馄饨是这一天人们祭祀祖先和自己享用的最佳食物。这个习俗是从北宋都城汴梁开始流行的，后来也流行于临安。当时有“冬馄饨，年馎饦”的民谚。有的富贵人家在这天会包上很多不同馅料的馄饨，叫作“百味馄饨”。

按宋朝的习俗，冬至这天，无论是官宦人家，还是普通百姓，都讲究互相赠送礼物，甚至有“肥冬瘦年”的形容。金盈之的《醉翁谈录》里记载，从寒食到冬至之间，没有多少节日，因此冬至这天，大家热衷于互相庆贺赠送礼物，而到了除夕迎新年，财力不及冬至丰厚，所以有“肥冬瘦年”之说。

冬至这天，宋朝的人们还有守冬的风俗。此夜小孩玩耍不睡，直至天明，有“守冬爷长命，守岁娘长命”之谚。

告别冬至，往后数第三个戌日是腊日，俗称“腊八”。腊日，古时是一年将近祭祀众神的日子。佛教传入中国后，宗教活动影响了腊日的内涵，到了宋朝“腊八”之说已相当普遍。传说佛祖释迦牟尼在农历十二月八日成道，“腊八”就是佛教的“成道节”，佛教寺庙会在这一天进行隆重的庆典。宋朝的史料记述中，腊八这天多以寺庙僧尼活动为主，一般民众也随之庆祝而形成风俗。

《东京梦华录》记载，腊八时，街巷中有僧尼三五人作队念佛，银铜沙罗或精致盆器中坐着金、铜或木制的佛像，浸以香水，用杨枝洒浴。他们还挨门串户请求布施。大的寺庙做浴佛会，熬制七宝五味粥即腊八粥，和用麸、乳、诸果、笋芋做成的红糟，供给僧人或馈送给施主及贵族豪门。

由于佛教的影响，民间也效法寺庙，腊八这天用胡桃、松子、乳、蕈、柿和栗之类熬腊八粥，这在宋朝已经沿袭成风。

腊八制腊药是宋朝医家的习惯，他们合多种药材，装在绛囊里，馈赠于人。

宋朝腊八还有驱逐瘟疫以求健康平安的民间活动。进入腊月，就有贫困之人三五一伙，装妇人神鬼，敲锣击鼓，挨家挨户乞钱，俗呼为“打夜胡”。这些腊八驱疫活动，由乞丐扮神鬼，与古代以巫扮鬼有所不同，他们以驱鬼的形式讨钱，却也增添了节日气氛。

临安到了腊八，人们还会祭祀“万回哥哥”，其像蓬头笑面，身着绿衣，左手擎鼓，右手执棒，被称为“和合之神”。据说祭祀他的人，虽远在万里，也可以回家，“万回”之名正由此而来。这一祭祀活动，虽有迷信成分，但也确实反映了当时的人们盼望亲人在年节之前早日返家团聚的美好愿望。

第二辑

天下美味，食指大动

民以食为天。宋朝人用时代赐予的口福告诉后世，他们的“天”容得下斑斓的色彩，容得下奇异的流香，容得下百般的滋味。他们甚至可以骄傲地说，我们是最懂的食客。

舌尖舞动的繁华
——饮食业

距今一千年左右，一位民本思想浓厚的政治家，在他的《四民诗》中替从商之人打抱不平，诗中他反诘道："吾商则何罪，君子耻为邻？"这句诗的分量，就历史进程而言，绝不亚于他的另一句千古名言"先天下之忧而忧，后天下之乐而乐"。

在漫长的封建时代的义利之辨中，商人一向被视为逐利的代表而被鄙夷不屑，作为北宋名臣的范仲淹，通过诗歌为商人出头，不啻为商人头顶的阴霾天空中划过的一道闪电。

范仲淹曾向朝廷举荐比他小二十岁的李觏，后者在其《富国策》中阐述了"商人众则入税多"的观点。到了南宋，黄震也说："国之四民，士农工商，同是国家一等齐民。"

惯性巨大的意识观念变了，水到，渠自成。

在环境上，宋朝的土地政策"不抑兼并"，土地可以流转，剩余的劳动力就可以参与到手工业、商业中来。工商业发展迅猛，宋朝政府财政收入的70%来源于工商税，囊中充盈。自然经济向商品经济过渡，使得国家、百姓都成为受益者。

在政策上，宋朝取消了坊市制度，生意人不再局限于官府指定之地，天南地北、大街小巷，皆可成为生意场。

在地位上，唐朝的时候，官府还规定“工商杂类”不得参与科举。到了宋朝，商人可以参加科举，子女也可进入官学读书，将来一样可以通过考试走上仕途。地位的上升，让商人没有了后顾之忧。

商品经济的欣欣向荣，造就了极其富庶的全民盛世的宋朝，在中国古代史上，在同时期的全世界，无与伦比。

历经深刻的社会变革，宋朝的市民阶层兴起。他们既是经济发展的参与者，也是它的享受者。民以食为天，有钱有闲之后的生活，首先就体现在宋朝发达的饮食业上。

宋朝之前，一日三餐对平民阶层来说属于奢望。宋朝农作物产量较之前代有了大幅提高，食材丰裕，官府也史无前例地取消了宵禁，夜生活丰富多彩，一日三餐才为普通人家所享受得起。

宋朝的市民阶层，有“笼袖之民”的称呼，意思是不在家里操持厨房之事，一日三餐在外解决，既方便又实惠。像汴梁、临安这样的大城市，“处处各有茶坊、酒肆、面店、果子、油酱、食米、下饭鱼肉、鲞①腊等铺。”《东京梦华录》提到的一百多家店铺中，酒楼和各种饮食店占了半数以上。展开《清明上河图》，仔细数数图中描绘的一百余栋楼宇房屋，会发现经营餐饮业的店铺有四五十家，基本上就接近一半了。

东京汴梁的五更天，按现代计时就是凌晨3点至5点，早市的

---

① 鲞（xiǎng）：泛指成片的腌腊食品。

叫卖声已经隐约传来，此起彼伏。早餐的经营一直延续到晌午，因此很多人的一日三餐的时间安排是这样的：接近晌午，早餐；傍晚时分，午餐；入夜，晚餐。

早起的人们，甚至不必开火烧水，街面的店铺供应“洗面汤”可以解决洗漱问题。早市上，“煎点汤茶药”遍地即是。“煎点汤茶药”是宋朝的保健茶，宋朝人认为茶就是药的一种。煎茶的流程绝不能马虎，煎茶时间越长，味道也就越好。首先用炭火将茶水烧得滚沸，用冷水点住，茶水再滚沸，再用冷水点住，如此点三次，才能收到色香味俱佳的效果。

“煎点汤茶药”，以茶为主，以常见的“煎香茶”为例，它的制作方法是：每百钱茶叶嫩芽，加上一升去壳蒸熟的绿豆和十两细磨而成的山药，掺入脑、麝各半钱，放在一起捣杵二十下，再放入罐中密封好；窨三天后，再把这种香茶放在水里煮，保健营养成分随即溶入水中，好似煎药。

“阿婆茶”的主要成分有烤黄的板栗、炒熟的白芝麻、江南连核带肉的橄榄、塞北去壳的胡桃等，饮上一盏，必定唇齿留香。

“二陈汤”的成分和制作方法颇为考究：半夏汤洗七次，橘红各五两，白茯苓三两，甘草炙一两半。煎茶时，每服四钱，用水一盏，生姜七片，乌梅一个，同煎六份，去滓，热服，不拘时候。从中医角度讲，“二陈汤”对伤酒能起化解作用，也会提神养身。欧阳修曾特地写诗赞美“二陈汤”：“论功可以疗百疾，轻身久服胜胡麻。”

早起喝一盏盐“煎点汤茶药”，是宋朝城里人的习惯。不同口味喜好的人，都可以有足够的挑选余地：盐豉汤、荔枝圆眼汤、缩砂汤、无尘汤、木星汤、木香汤、香苏汤、紫苏汤、干木瓜汤、湿木瓜汤、白梅汤、乌梅汤、桂花汤、豆蔻汤、破气汤、玉真汤、薄荷汤、枣汤、快汤、厚朴汤、益智汤、仙术汤、杏霜汤、生姜汤、胡椒汤、洞庭汤……

与一两盏煎茶为伍的，正是花样百出的美食：

“酥琼叶”，把夜里蒸好的馒头，切成薄薄的片，涂上蜜或油，在火上烤，颜色焦黄，又酥又脆，嚼上一口，会如诗人杨万里所说“作雪花声”。

宋人笔记《鸡肋编》记载，若听到“待我放下歇则个”的叫唤，便可看见一个叫卖环饼的小贩，那是他特有的识别度很高的广告语。小贩可是有故事的人。起初，他在卖环饼时别出心裁喊出“亏便亏我也”的广告语，效果甚好。后来在皇后居住的瑶华宫前这样叫卖，引起衙役的怀疑，将其抓捕审讯。审后才得知他只是为了推销自己的环饼，便将他打了一顿板子放出。此后，环饼小贩便改口喊“待我放下歇则个”。他的故事成为当时东京的一桩笑料，但生意反而更好了。

环饼，就是馓子，油炸而成，松脆可口。据说，当年海南儋县有一老妇人制作的环饼，异常美味，却无人问津。当时被贬谪的苏东坡来到此处后，提笔给店家写下了一首题为《寒具》的诗：

纤手搓来玉色匀，碧油煎出嫩黄深。

夜来春睡知轻重，压扁佳人缠臂金。

“云英面”的做法特别，吃法另类：将藕、莲、菱、芋、鸡头、荸荠、慈姑、百合和净肉混在一起蒸烂，吹晾之后在石臼中捣细，再加上四川产的糖和蜜，再蒸熟。之后还需入臼把糖、蜜和各种原料捣匀，取出即是一团。冷却变硬，再用干净的刀随便切着吃。切下来的薄片，像雪白的花瓣一般煞是好看。

早市食品中，面条类有软羊面、桐皮面、盐煎面、鸡丝面、插肉面、三鲜面等，馒头类有羊肉馒头、笋肉馒头、鱼肉馒头、蟹肉馒头、糖肉馒头、裹蒸馒头等，烧饼类有千层饼、月饼、炙焦金花饼、乳饼、菜饼、牡丹饼、芙蓉饼、熟肉饼、菊花饼、梅花饼、糖饼等。

各样美食绝不会辜负了早餐的胃口，而五花八门的清凉饮料也正等着伺候接下来的时光，诸如：甘豆汤、豆儿水、漉梨浆、卤梅水、姜蜜水、木瓜汁、沈香水、荔枝膏水、苦水、金橘团、雪泡缩皮饮、梅花酒、五苓大顺散、香薷饮、紫苏饮、椰子酒……

饮料中的梅花酒、椰子酒，其实并无酒精，只是售卖时经常用的是酒具，所以名字里有“酒”字。实际上，这些清凉饮料，大多有营养保健的功效。如“雪泡缩皮饮”具有解伏热、除烦渴、消暑毒、止吐痢的功效。它的做法是以砂仁、乌梅肉为主，配以煨苹果、炙去皮甘草、炒去皮干葛、白扁豆，用水煎成，冷热皆可饮用。喝完一盏“雪泡缩皮饮”，渴意全无。

宋朝城市里的居民，对水果的消费积极性也很高。饮食店里，水果与其他饮食平分秋色。汴梁市面上原本是鲜见金橘的，因为金橘的主要产地远在江西。皇宫对金橘的爱好，使得金橘的生意活跃起来，汴梁一年四季都可以吃到金橘。金橘远道而来颇为不易，宋朝人于是发明了把金橘储存在绿豆里的方法，可以保持长久新鲜不败。

午餐时分，汴梁最著名的丰乐楼几乎座无虚席。当然这种高端的消费场所，也不是普通阶层兜里的铜钱能应付得了的。

踏进丰乐楼的门槛，迎面就会有人殷勤地凑上来，他的身份是“闲汉”。“闲汉”不是酒楼的雇员，但他可以为客人张罗安排好一切：选包厢、点酒菜、叫外卖、招歌姬等等。出现在丰乐楼的豪绅付出一点服务费，换来的是省心省时。当然酒楼里的“大伯”（青年男性服务员）和“焌糟”（女性换汤斟酒服务员）也可以直接使唤，只是麻烦一点而已。

落座之后，按着宋朝的饮食习俗，开口汤和按酒的果子一一端了上来。

开口汤在宋朝就是各种羹，常见的有鹌子羹、螃蟹清羹、莲子头羹、百味韵羹、杂彩羹、群鲜羹、豆腐羹、青虾辣羹、虾鱼肚儿羹、虾玉鳝辣羹、小鸡元鱼羹、三鲜大熬骨头羹、笋辣羹、杂辣羹、捽肉羹、骨头羹、鸭羹、蹄子清羹、黄鱼羹、肚儿辣羹等等。

丰乐楼的后厨房，一位大厨正在为一位客人制作瓠羹：瓠子削皮切好，熟羊肉切成薄片，拌上生姜汁，和细细的面丝一起下锅炒，然后加上盐、醋、葱调和成羹。瓠羹不仅开胃，据说对消渴症也有益处，并且通利小便。宋朝人在饮食上，似乎无处不保健，正合了中医药食同源的理论。

按酒的果子并非新鲜水果，通常是用水果或者其他食材炮制的甜点。客人可以在这些常见的果子里，选上几碟：皂儿膏、瓜蒌煎、鲍螺、裹蜜、糖丝线、泽州饧、蜜麻酥、炒团、澄沙团子、十般糖、甘露饼、玉屑膏、爊木瓜、糖脆梅、破核儿、查条、橘红膏、荔枝膏、蜜姜豉、韵姜糖、花花糖、二色灌香藕、糖豌豆、芽豆、栗黄、乌李、酪面、蓼花、蜜弹弹、望口消、桃穰酥、重剂、蜜枣儿、天花饼、乌梅糖、玉柱糖、乳糖狮儿、薄荷蜜、琥珀蜜……

饮罢开口汤，按酒果子垫了肚，可以招呼上酒了。

在宋朝，从皇宫到普通人家，酒是生活必需品。按后人的总结，当时的酒可分黄酒、果酒、配制酒和白酒四大类。

黄酒以谷类为原料，粳、糯、粟、黍、麦等皆可酿制，是宋朝消费最多的酒类。

果酒包括葡萄酒、蜜酒、黄柑酒、梨酒、荔枝酒、枣酒等，其中以葡萄酒的产量较多。宋朝的果酒酿制工艺比较原始，在酒类消费中的比例并不大。

配制酒多属滋补性药酒，如菊花酒、海桐皮酒、蝮蛇酒、地黄酒、枸杞酒、麝香酒等。据史料的统计，宋朝的配制酒有一百多种。

白酒，在宋朝叫蒸酒、烧酒、酒露等，因为制作工艺要求较高，不是市面上销售的主要品种。

除了美酒，高端酒楼自然少不了佳肴，人人皆知的东坡肉可以点上一份。苏东坡被贬黄州时，吃不起羊肉，便常去市场购买猪肉，回来切成方块，辅以作料，然后上锅烧煮。为此他还写过一首打油诗："黄州好猪肉，价贱如泥土。贵者不肯吃，贫者不解煮。慢著火，少著水，火候足时它自美。早晨起来打两碗，饱得自家君莫管。"其中"慢著火，少著水，火候足时它自美"，便是东坡肉的烹饪时的技巧。

如果能克服心理障碍，河豚也是值得品尝的绝佳美味。河豚吃鱼虾而自身肥美诱人，梅尧臣曾写诗赞河豚："春洲生荻芽，春岸飞杨花。河豚当是时，贵不数鱼虾。”

苏东坡有次到一位官员家里赴宴，其中就有河豚。主人家里的女人和孩子都跑到屏风后，想听听他对河豚的评价。只见苏东坡不停大嚼，一言不语。家人大失所望之际，苏东坡放下筷子说：“也值一死！”于是全家大乐。

河豚确有剧毒，食之夺命并非胡言，宋朝人已经知道怎么烹制河豚而不至死人。河豚的眼睛和鱼子都有毒，必须剔除，鱼肉也要洗几十遍到色白如雪，才能烹制。苏东坡也提出煮河豚用荆芥，煮三四次，换水即可将毒去除。

秋风起，蟹脚痒。如果正当时令，像丰乐楼这样的酒店，蟹的供应也是足够的。蟹在当时有两种经典吃法。简单一点的是洗手蟹：将生蟹拆开，调以盐梅、椒橙，然后洗手再吃。如果偏好蟹最原始质朴的鲜美味儿，选“洗手蟹”绝无差错。

艺术一点的吃法是“橙酿蟹”：将黄熟带枝的大橙子，截顶，去瓤，只留下少许汁液，再将蟹黄、蟹油、蟹肉放在橙子里，仍用截去的带枝的橙顶盖住原截处，放入小甑内，用酒、醋、水蒸熟后，用醋和盐拌着吃。橙酿蟹不仅香，而且鲜，更主要的是它使人领略到了秋日里新酒、菊花、香橙、螃蟹色味交融的艺术氛围。

蟹虽好，吃也要有节制。《养疴漫笔》记载，宋孝宗喜欢吃蟹，因为吃得太多而得了痢疾。众太医医治不见效果，最后请来一家小药铺的医生，诊断说：“此冷痢也。其法用新采藕节细研，以热酒调服。”照此办法，果然药到病除。

黄雀鲊是徽宗时期蔡京的至爱食物之一，大酒楼里才可能有这样的美味。鲊，就是腌制品。黄雀收拾干净后，用热水洗，擦干，再用麦黄、红曲、盐椒、葱丝调和，在扁罐内铺一层黄雀，上一层料，装实。用篾片将笋叶盖固定住，等到罐中腌出卤，便倒掉，再加酒浸泡，密封好，可以慢慢吃很长时间。

宋朝人懂得饮食的合理，高档酒楼采购的蔬菜品种十分丰富：苔心、矮黄、大白头、小白头、黄芽、芥、生菜、波棱（菠菜）、莴苣、薤、韭、大蒜、小蒜、茄、梢瓜、黄瓜、冬瓜、葫芦、瓠、芋、山药、牛蒡、萝卜、甘露子、茭白、蕨、芹……现代人能吃到的蔬菜，在宋朝大部分都能吃到，只是没有辣椒、土豆、西红柿，这些外来蔬菜宋朝还未引进。如果喜欢辣，也能得到满足，那时候的辣味都取自辣菜。

按着上菜的流程，餐后的点心也少不了，有糖糕、花糕、蜜糕、糍糕、蜂糖糕、栗糕、麦糕、豆糕、小甑糕蒸等。

酒足饭饱之后，客人通常都会喝上一碗解酒汤——香薷饮。香薷饮宽中和气，治饮食不节，饥饱失时，或冷物过多，或硬物壅驻，或食毕便睡，或惊忧恚怒，或劳役动气，脾胃不和……统统都在香薷饮的治疗之列。尤其是醉酒不醒，四时伤寒头痛，只要饮上三服，发了汗即可痊愈。

到了夜间，州桥夜市是汴梁最值得一去之处，相当于现在大型的小吃一条街，各色小吃店铺鳞次栉比，一直营业到三更（夜里 11 点到凌晨 1 点）。

宋朝人将小吃叫“杂嚼”，很是形象。在东京朱雀门附近，种种小吃早早地恭候着夜游的客人：旋煎羊、白肠、鲊脯、抹脏、红丝、批切羊头、辣脚子、姜辣萝卜、夏月麻腐鸡皮、麻饮细粉、素签纱摭、冰雪冷元子、水晶皂儿、生淹水木瓜、药木瓜、鸡头穰、沙塘绿豆甘草冰雪凉水、荔枝膏、广芥瓜儿、咸菜、杏片、梅子姜、莴苣、笋、芥、辣瓜儿、细料馄饨儿、香糖果子、间道糖荔枝、越梅、金丝党梅、香枨元、冬月盘兔、旋炙猪皮肉、野鸭肉、滴酥水晶鲙、煎夹子、猪脏之类。

出了朱雀门，从州桥往南去，当街就有卖水饭、爊肉、干脯的。王家楼前卖獾儿、野狐、肉脯、鸡。梅家、鹿家出售的鹅、鸭、鸡、兔、肚肺、鳝鱼、包子、鸡皮、腰肾、鸡碎，每份不过十五文钱。曹家的小食、点心也在此出售。

有高端的如丰乐楼，有大众化的食铺和夜市，才是一个完整的宋朝饮食业兴旺的形象，红红火火三百余年的宋朝美食，也着实让现代人垂涎欲滴。

三分技艺七分火
——烹饪

美食，是中国展示给世界的一张极具特色甚至无与伦比的名片。毕竟，至少在一千年前我们就拥有了“伟大的烹调法”。美国学者安德森在《中国食物》中对产生于宋朝的“伟大的烹调法”给予如此肯定：“唐朝食物很简朴，但到宋朝晚期，一种具有地方特色的精致烹调法已被充分确证。地方乡绅的兴起推动了食物的考究：宫廷御宴奢华如故，但却不如商人和地方精英的饮食富有创意。”

“三分技艺七分火”，是古老的中华美食界流传下来的行话。烹饪的发展，很大程度上就是用火水平的发展。火候自始至终就是烹饪技艺的关键所在，火力的大小，加热时间的长短，对烹饪的效果影响巨大。

爱吃会吃的宋朝人，已经很善于在烹饪中运用火候技巧，似乎烹饪的过程和最终的美食同样都是精致的享受。根据食物原料的质地、刀工形状、加热器具以及菜品的要求等情况，控制火力之强弱和加热时间之长短，这是一个宋朝大厨经验与技艺的标尺。

肥嫩的鸡或鸭，去毛洗净，去肠肚。锅内倒入四两香油炼出香味，将鸡或鸭放进锅内加水浸没，加半两细料末，三四根葱，一匙酱，用慢火养至收汁。这是宋朝“爊鸡鸭”的做法。

“逡巡烧肉”是一种独特的烧烤。先将猪、羊、鹅、鸭等用佐料腌制一两个时辰，随后支起一口大锅，大火把锅烧得透红，从锅沿处均匀地浇遍香油。用柴棒架起猪、羊、鹅、鸭，扣上一只大盆，缝隙处糊上纸，慢火烧一个时辰。待移去扣盆，肉类“焦黄可爱”，香气扑鼻。

驼峰是珍贵的食材，宋朝人对它自然不敢怠慢。用盐腌制一夜，水烧开后，投入驼峰，再烧滚沸一两次，用文武火煲养。因为驼峰肉遇油易化，更讲究的做法是用鱼汤煲养，熟后加入地椒、茄花硷，实在是妙极的珍味。

宋朝人将獐肉、鹿肉用盐、醋、椒、姜腌制良久，再用羊腹部的脂肪包裹住，猛火烤熟，去掉外面包裹的脂肪，趁热用刀切成片，蘸着盐水细细品味。

驼蹄、熊掌是比较难烹熟的食料，因此宋朝人会用大火烧至一二沸，倒掉一半的汤水，用慢火养熟。

吃西餐的牛排有几成熟之分，对比之下，宋朝人对“熟”分得更是一丝不苟，能够根据熟的最佳程度选择相宜的火力。

鹿肉只可煮七分熟，煮过头，肉质干燥，失其美味。

兔肉可以和肥肉一同煮至九分熟，如果太熟则肉干，“无味而噎”。

牛肉用猛火煮至滚沸，即应该立刻退为慢火。

大文豪苏东坡，是宋朝当仁不让的美食家，对于烹饪用火，也有自己的总结和讲究。他在《老饕赋》中言道“水欲新而釜欲洁，火恶陈而薪恶劳。”这句诗指导人们烹饪时水要新鲜，锅要干净，用火不能一成不变，添柴不能太快。

宋朝人甚至对柴火的种类、预处理都要做分别。烹制肉类佳肴时忌用桑柴，否则会有异味。夏伏之时收集松柴，置于黄泥水里浸泡，皮脱了之后晒干，冬日里烧的时候就不会有烟。

味是美食最核心的元素，一道菜品，是否能成为口碑极佳的美食，最终的裁判员是人们的舌尖。技艺高超的宋朝人，已经懂得调味与用火相辅相成的关系，在技术处理上他们把调味严格分为三个阶段：加热前、加热中和加热后。

加热前调味，属于基本调味，目的是让食材在烹制前就具有基本的味道。有些食材没有显著的味道，因此而得到改善或增强；有些食材腥膻味重，因此而得到减少或消除；尤其肉类食物，用盐、糖、酱、醋等浸渍入味，才能锦上添花。

蒸鲥鱼是盛行于宋朝民间和官府的一道名菜，宰杀时去肠不去鳞，用布拭去血水；将花椒、砂仁和酱一起捣碎，以水、酒、葱拌匀；用这样的佐料对鲥鱼进行预处理，大火蒸熟之后，去鳞而食。

“算条巴子”类似于今天的米粉肉，只是不用米粉。把猪肉肥瘦分开，各自切成算盘子大小，用砂糖、花椒末、宿砂末拌匀，晒干，蒸熟。

烤鱼对宋朝人极具诱惑力。最好是一斤左右的鲂鱼，鲤鱼、鲫鱼次之，洗净控干，用盐二两半，川椒一二十粒，腌制两三个时辰，沥去腥水，用香油煎熟放冷，用羊腹部的脂肪包裹，烤熟之后，趁热去掉羊脂，如此鱼、羊相配，岂能不鲜美？

对于猪、羊腿肉的加热前调味，宋朝人还要加上一道工序。腿肉肉质细密，不易入味，切成片以后，用刀背均匀捶打，投入沸水中烫成白色，捞起后用布扭干，再用各种佐料腌渍。

加热中调味，属于定型调味，在加热过程中加入佐料使其入味，是烹饪流程中至关重要的一步。

宋朝美食家林洪在《山家清供》里记载了一个“满山香”故事：林洪的妻子煮了油菜羹，自认非常美味，偶然间李居仁来访，便端给他品尝。吃完后李居仁说贡献一个美食妙方作为回报：把莳萝、茴香、姜、椒研成末，放在葫芦里贮存，煮菜刚沸腾时，把它们和熟油、酱一起投入锅中，那香味简直可以飘满山间。林洪妻子怀着好奇心一试，果然名不虚传。

宋朝皇宫中的红烧鸡，和今天的做法差不了太远。一只鸡切成十四五块，锅内先炼油六两，生姜片煎至焦香，将鸡块投下翻炒，添水淹过鸡块一寸高，加入酱、川椒末各一匙，盐半匙，好酒一大盏，慢火熬制。

肉咸豉的烹制流程比较复杂。瘦肉一斤，切成骰子块，用盐一两半腌制去腥；用猪油炒豆豉一斤，取浓汁两碗备用。先将瘦肉入锅翻炒，接着加入豆豉浓汁、姜、橘皮，最后加入马芹半两、椒一钱，收汁炒干即成。

宋朝人在烹制马蹄鳖清羹时，加热前用姜、酱、椒、盐、醋腌制，加热中却用鸡或羊的清汤来调味。

宋时人们已经对加热中调味的重要性有着深刻的认识与实践，这个过程是决定性的调味程序。食物原料在加热过程中，通过添加各种调味品，既矫正或去除食肴的异味，又可以使食肴散发出浓郁的香味，勾人垂涎。即使到今天，绝大多数食肴的调味程序都是在这阶段进行的。

加热后调味，属于辅助调味，主要起辅助补充食肴美味的作用，使食肴在色香味方面更具品质与特色。

有些食肴，在其他条件相同的情况下，三个阶段内调出的味道互相比较，加热后调出的味道更佳。还有一些食肴，加热前或加热中进行的调味还不够完善，有的甚至无法调味，只能在烹制成熟后对其进行辅助调味，宋朝人于此的探索显示了他们高超的智慧。

荼蘼粥，采荼蘼花片用甘草汤焯过，等到粥熟了加入同煮。佐粥的小菜，则是木香嫩叶用汤焯过，以姜、油、盐凉拌而成。

茭白鲊，茭白切片用水焯过，控干后用研烂的葱丝、莳萝、茴香、花椒等和盐一起拌匀，腌制一个时辰即可食用。

苜蓿盘，苜蓿叶汤焯、油炒，姜、盐随个人口味添加，如此而成的羹，简单而又别具风味。

众口难调在任何时代都是一种现象，于是宋朝人根据席间各人口味不同，在成菜上席时还经常会跟上多种不同口味的调料小碟。《东京梦华录》记述了北宋末年，百官和宗室参加宋徽宗的寿宴时，为满足众人口味，特配以“生葱、韭、蒜、醋各一碟”。

“色香味形”可以概括中国美食的讲求之道。用火、调味主要涉及的是菜肴的“味”和“香”，烹饪过程也有色的变化多端。但提到“形”和“色”，最主要还是要考验刀工和配菜的技艺。

宋朝大厨懂得刀工技法综合运用的效果，既要便于烹熟，也要便于生腌入味，再搭以细腻美观的花样外形，才能使得自己的技艺最终成为美的享受。

宋朝大厨精湛的刀工技艺，可以通过一则故事做一次管窥。宋朝笔记《同话录》记载，一位厨师让人袒露后背，把后背当做砧板，细细切了一斤肉丝之后，把后背擦拭干净，无丝毫之伤。如果放至当今，这乃是特级厨师的刀工水平。

经过精妙的刀工，菜肴形态各异，花样百出。宋朝人更是能将某些素类食品雕琢成一些动物形态，例如“假野狐”“假炙獐”“煎假乌龟”等，五花八门。

刀工之后的程序，则是配菜工序。配菜以刀工为前提，直接为烹饪做准备。根据菜肴的不同品种和各自质量的要求，把经过刀工处理后的多种主料和辅料适当搭配，使之成为完整的菜肴原料。配菜的恰当与否，直接关系到食肴的色香味形的好坏以及营养价值的高低。宋朝人在这方面自然当仁不让。

北宋开封的饮食市场上有许多肴馔都是以鲜美的色泽搭配取胜的，如《东京梦华录》记载的赤白腰子、二色腰子、五色水团等。到了南宋，临安饮食市场上的这类肴馔就更为丰富，《梦粱录》记载有三色肚丝羹、鱼鳔二色脍、小鸡二色莲子羹、三色水晶丝、冻三色炙、下饭二色炙等。

宋朝已臻成熟并对后世有巨大影响的烹饪技术，是中华文明中与百姓民生息息相关的生活艺术，无论置于历史的纵向，还是放至世界的横向对比，都有着举足轻重的让后人足以骄傲的地位。也许孙中山先生曾说的一段话，正适合对它做出这样的总结：“烹调之术本于文明而生，非深孕乎文明之种族，则辨味不精；辨味不精，则烹调之术不妙。中国烹调之妙，亦足表文明进化之深也。昔日中西未通市以前，西人只知烹调一道，法国为世界之冠，及一尝中国之味，莫不以中国为冠矣。”

饕餮难掩的俗靡
——豪门宴

经济的富庶，烹饪水平的高超，是宋朝人口福享受上得天独厚的优势。这本是好事一桩，平常人家，或于街头巷尾的食店，或自家煎炒烹炸，几样小菜，三五盏酒，津津有味，自得其乐，这也是太平盛世、安居乐业的景象。可是将此换作宫廷和官僚士大夫之家，却是迥然不同的场景，琼浆玉液、珍馐美馔，恨不能凤髓龙肝俱备，食不厌精、脍不厌细的奢靡之风充盈着宋朝的上层社会。

对此，司马光耿直地批判道："近日士大夫家，酒非内法，果、肴非远方珍异，食非多品，器皿非满案，不敢会宾友，常数月营聚，然后敢发书。苟或不然，人争非之，以为鄙吝。故不随俗靡者，盖鲜矣。磋乎！风俗颓弊如是，居位者虽不能禁，忍助之乎？"

司马光批判的是宋朝官僚士大夫家庭在饮食上普遍存在的现象：酒必是按着宫廷酿造法酿制的，水果、菜肴必是远道而来的奇珍异品，美味佳肴必得铺满案桌，甚至提前数月就着手准备，不如此不敢招待客人，恐怕遭人耻笑。

奢靡之风是从皇宫里传出来的。上有所好下必甚焉，这是从历史中总结出来的经验。宋朝宫廷膳食由光禄寺负责，它的二级机构有法酒库和酒坊，太官物料库、翰林司、牛羊司、乳酪院、油醋库、外物库等，可谓机构庞杂，分工明确。

想对宋朝宫廷膳食的细节做个了解，不妨看看当时的皇帝每日赐给太子的《玉食批》菜单：

酒醋白腰子、三鲜笋炒鹌子、烙润鸠子、攒石首鱼、土步辣羹、海盐蛇鲊、煎三色鲊、煎卧乌、焐湖鱼糊、炒田鸡、鸡人字焙腰子糊、燠鲇鱼、蝤蛑签、麂膊、浮助河蟹、江虮、青虾、辣羹、燕鱼干、攒鲻鱼、酒醋蹄酥片、生豆腐、百宜羹、燥子、炸白腰子、酒煎羊、二牲醋脑子、清汁杂、熰胡鱼、肚儿辣羹、酒炊淮白鱼之类。

仅此不完全菜单，天上飞的，地上跑的，水里游的，一应俱全。太子尚且如此，皇帝吃喝的排场便可想而知。

宋神宗晚年时沉湎于宴饮享乐，往往一宴耗费十余万文。宋仁宗有一次内宴，仅蛤蜊就有二十八枚。当时蛤蜊一枚值一千文，这样仁宗“一下箸二十八千”。宋徽宗更是可以贴上穷奢极欲的标签，宴请重臣时山珍海味堆积如山，令见过世面的大臣也瞠目结舌。

宫廷膳食不仅舍得投入本钱，制作上更是精益求精到不厌其烦。《玉食批》菜单里的“蝤蛑签”就是梭子蟹羹，制作时只取两螯的肉，剩余全都弃之不用。

宋徽宗赵佶的生日宴见载于《东京梦华录》，饕餮盛宴的场景让人叹为观止。

宴请的对象是宗室、百官和各国使臣。落座时，每位客人的案上已经摆上环饼、油饼、枣塔、果子等餐前点心、果品。为了照顾辽国使臣的口味，又给他们加了猪、羊、鸡、鹅、兔的连骨熟肉，全用小绳子系扎。每个案桌上，各有葱、蒜、韭、醋的佐料一碟，三五个人共用一桶汤汁。

生日宴上，美酒自然少不了，按着生日宴的程序，君臣们一共要饮九盏御酒，共享美食。

第一、二盏酒，笙箫管笛齐鸣，有伴唱与舞蹈，表示对皇帝生日的隆重祝贺，也彰显着豪华的气派。两盏酒一下肚，宴会的气氛便活跃起来。接下来的每一盏酒，都会有几道新菜相配，这也是宋朝酒宴的习俗。

第三盏酒，配菜是肉、咸豉、暴肉、双下驼峰角子。

第四盏酒，端上来的是炙子骨头、索粉和白肉胡饼。

第五盏酒，客人会品尝到群仙炙、天花饼、太平毕罗、干饭、缕肉羹和莲花肉饼。

第六盏酒，呈上假鼋鱼、蜜浮酥捺花。

第七盏酒，下酒的是排炊羊、胡饼和炙金肠。

第八盏酒，安排的是假沙鱼、独下馒头和肚羹。

第九盏酒，配以主食水饭和簇饤下饭。

随后，皇帝起身告辞，生日宴会圆满结束。

在整个生日宴会过程中，与菜品一样，每一盏酒都会伴着不同的文娱表演，内容有杂技杂剧、歌舞器乐等，极尽喧哗热闹。

见识了皇宫里食不厌精、气派奢华的饮食风气，达官显贵们竞相模仿，蔚然成风。家里仿照皇宫设有“四司六局”的膳食机构，即使南宋偏安江南也是如此。对美食的研究和追求，在高官群体里，更是到了让人惊异的地步。

罗大经《鹤林玉露》里记载了一件事：一位官僚在京城买了一个小妾，这个小妾曾是蔡京家里做包子的厨娘。一天这位官员想试试蔡太师家包子的不凡，于是吩咐小妾做包子。小妾说：我不会做包子。这位官员生气了："你不是说你是太师府上做包子的厨娘吗？"小妾很委屈："我真不会做包子，我只是太师府上做包子的人里面负责切葱丝的。"

南宋后期有一位知府，雇了一个曾服务于高官府上的京都厨娘给家里做饭，每次都要轿子迎送。厨娘置办羊头羹五份，需要羊头十个，只取羊头两腮的肉，其余全部扔掉不要。用五斤葱，只取葱心，用淡酒、醋浸喷，剩余的部分弃做废物。知府家仆觉得可惜，捡起剩下的羊头，结果被她讥笑："你们这群狗辈，没见过市面！"当然，这位厨娘如此烹制的菜，自然好吃不过，主客双方一律竖指赞扬。可是，厨娘的酬金也非比寻常，知府用了两个月之后，终于明白这种品味等级的厨娘不是自己能消费得起的，于是辞掉了厨娘。

高官显达除了讲究奢华的饮食场面外，对饮食癖好的满足和追求甚至到了匪夷所思乃至畸形的地步。

宋哲宗时，宰相韩缜喜欢吃烤乳鸽，而且一定要吃白色的那种。如果有人故意烤灰色的给他吃，他一下就能凭口味辨别出来。韩缜还爱吃驴肠。每次宴客，驴肠都是必不可少的一道菜。烹调驴肠需要很高的技艺，肠入汤锅，时间短了煮不熟，咀嚼不动；时间长了又会糜烂，变得寡淡无味。而且驴肠必须新鲜，过夜即会变质。厨师担心做不好，便想了一个点子：每逢宴会，事先准备一头驴子拴在厨房旁边，待宾客入座，斟酒传杯时，即提刀豁开驴肚，抽出驴肠，洗净切碎后立刻下锅，如此便可保证驴肠味美而新鲜。

宰相吕蒙正喜欢喝鸡舌汤，每天早晨都要喝。一天晚饭后，吕蒙正到后花园散步，朦胧中看见墙角处有一堆凸起，以为是假山，问左右："这山是什么时候弄的？"仆人回答："这不是山，是杀鸡时褪下来的鸡毛。"

蔡京喜欢吃黄雀鲊，家中专门有三栋房子装黄雀鲊，堆积直至房梁。蔡京还爱吃鹌鹑。宋徽宗大观年间，天降瑞雪。为了庆祝好兆头，皇帝准备到蔡京家吃个饭。这是莫大的荣誉啊。蔡京于是大摆筵席，命厨师宰杀了一千多只鹌鹑。当天夜里，蔡京梦到鹌鹑给他念了一首诗："啄君一粒粟，为君羹内肉。所杀知几多，下箸嫌不足。不惜充君庖，生死如转毂。劝君慎勿食，祸福相倚伏。"蔡京心头泛起嘀咕，自此再也不吃鹌鹑了。

宋高宗有次驾临大将张俊府，酒席上光是"下酒十五盏"，就有三十道菜，如"第一盏"是"花炊鹌子、荔枝白腰子"，"第二盏"是"奶房签、三脆羹"，"第三盏"是"羊舌签、萌芽肚"。此外，还有炒白腰子、炙鹌子脯、润鸡、润兔等"插食"，"砌香果子""雕花蜜煎"等"劝酒果子库十番"，煨牡蛎、蝤蛑签等"厨劝酒十味"，莲花鸭签、三珍脍、南炒鳝等"对食十盏二十分"，真可谓是山珍海味，琳琅满目。

南宋宰相贾似道喜欢吃苕溪的鳊鱼，为此专门建造了一个大池塘，养了一千多头鳊鱼，用大盘绞水灌溉。这片池塘，实际上就是小型的湖，有好几条船穿梭往来打鱼送上岸。

北宋中期的吕夷简，曾任宰相多年，家中积累了大量的财产，因此生活非常奢侈，连宫廷中也很难弄到的名贵食品——淮白糟鱼，他的夫人一下子竟能以十筐送与他人。

秦桧的老婆，经常出入皇宫，有一次宋高宗的母亲显仁太后说进来子鱼大的很少了，秦桧老婆说自家有不少，要进献一百条。回家告知秦桧，秦桧怪罪她失言，于是和幕僚商量进献了青鱼百条。青鱼和子鱼相似，显仁太后见了不知真相，反而哂笑秦桧老婆是老土。奢侈的秦桧，其狡猾也可见一斑。

当然，在官僚士大夫中，也有对吃根本不以为意的，比如王安石。有朋友在王安石家做客，王夫人向其抱怨，说弄不清王安石究竟喜欢吃什么菜。朋友很奇怪，说："王大人喜欢吃鹿肉丝。刚才进餐时，便见其将一盘鹿肉丝吃了个精光。"王夫人问道："那盘鹿肉丝放在什么位置？"朋友答："就在王大人眼前。"王夫人说："你们明天把鹿肉丝放得远一点试试。"第二天再聚，朋友故意将鹿肉丝放得远一些，而将昨天王安石一筷未动的一样菜摆在他面前。结果王安石又将眼前那盘菜吃了个干干净净。饭后朋友询问，王安石竟不知餐桌上还有一盘鹿肉丝。

此时的王安石是可爱的，但放眼整个宋朝的官僚士大夫阶层，他毕竟是少数。当时上流社会饮食上还是奢靡之风盛行，既让后人大开眼界，也会扼腕叹息它的安逸无度。

色香味形的诗歌
——美食家苏东坡

“美食家”曾是一个相当流行的词汇，许多人常常以美食家自居并引以为傲。朋友圈不断刷新的美食图文，反映着深入人心的生活乐趣，爱生活最直接的体现也许首先就是从嘴巴开始的。

美食家自然也有分别，从简单的满足口腹之欲到吃出人生的境界，其间的距离并不短。如果在我们的历史中找一位毫无争议的美食家来点赞膜拜，非宋朝的苏东坡莫属。

林语堂先生在他的《苏东坡传》的序言中，做了这样一个概括总结：

“苏东坡是个秉性难改的乐天派，是悲天悯人的道德家，是黎民百姓的好朋友，是散文作家，是新派的画家，是伟大的书法家，是酿酒的实验者，是工程师，是假道学的反对派，是瑜伽术的修炼者，是佛教徒，是士大夫，是皇帝的秘书，是饮酒成瘾者，是心肠慈悲的法官，是政治上的坚持己见者，是月下的漫步者，是诗人，是生性诙谐爱开玩笑的人。可是这些也许还不足以勾绘出苏东坡的全貌。我若说一提到苏东坡，在中国总会引起人亲切敬佩的微笑，也许这话最能概括苏东坡的一切了。”

苏东坡才高八斗，恢廓大度，论风采与境界可谓千古难寻，举凡天地万物皆可述诸妙笔，大至如画江山，小至日常饮食，他总可用胸中诗意让它们绽放异彩。

苏东坡与豪掷千金的许多官僚不同，他是真正意义上的美食家。苏东坡的人生，如东去大江般蜿蜒曲折，湍急与流缓不定。入狱、贬谪、丧气、失子，伴随了他的大半生。在跌宕起伏的人生中，苏东坡既有山珍海味的享受，又要面对粗茶淡饭，但是无论粗精，他都能欣然接受，欢心品味，而且他并不仅仅是满足口腹之欲，而是吃出了化荆棘为甘美的人生境界。他不仅吃出了独特的生活情趣，也通过吃表现出抵抗逆境的勇气和坚韧，旷达自适的个性和胸襟。当他把吃落笔为诗文留给千年之后的人们，也让我们领略到人世间居然有这么雄阔而细腻的生活美学。

苏东坡的饮食诗文中，涉及粮食、肉类、蔬菜、水果和烹饪的方方面面。这是他那个时代社会生活的缩影，也是后人研究宋朝历史的宝贵史料。

苏东坡对大自然有着敏锐的诗性感觉。春天刚刚来临，他写道：“竹外桃花三两枝，春江水暖鸭先知。蒌蒿满地芦芽短，正是河豚欲上时。”竹丛之外粉红的桃花，水中嬉戏的鸭子，青嫩的蒌蒿和芦芽，如此美景之下，将要上市的危险美食——河豚也似乎变成了一个可爱活泼的形象。

对大自然赐予人类的各种美食，苏东坡从不吝惜笔墨。贬谪到惠州时，他发现了一生至爱的荔枝，于是欣然赞美道：“垂黄缀紫烟雨里，特与荔枝为先驱。海山仙人绛罗襦，红纱中单白玉肤。不须更待妃子笑，风骨自是倾城姝。”南方烟雨中新鲜水灵的荔枝，在苏东坡眼中，就是一位冰肌玉肤披着红纱的世外仙子，在甘甜中又透着那样的美态，难怪他后来干脆说：“日啖荔枝三百颗，不辞长作岭南人。”

贬谪到偏远的海南，苏东坡曾自述当时的艰苦：“吾谪海南，尽卖酒器，以供衣食。”他还写诗具体描述道：“五日一见花猪肉，十日一遇黄鸡粥。土人顿顿食署芋，荐以薰鼠烧蝙蝠。旧闻蜜唧尝呕吐，稍近虾蟆缘习俗。”相隔数日才能吃到肉、鸡，薯芋成为日常粮食，连老鼠、蝙蝠与虾蟆都可以拿来吃。即使在这样窘迫的环境中，苏东坡依然可以从大自然中发现美食的乐趣。他和弟弟苏辙、儿子苏过互相应和过《椰子冠》诗，诗中记述道：“天教日饮欲全丝，美酒生林不待仪。自漉疏巾邀醉客，更将空壳付冠师。”椰子对于苏东坡来说，相当于天赐的美酒，痛饮一番之后，更是可以把椰子壳做成帽子带。

在野外的山间、水畔，苏东坡善于发现的眼睛也总是可以带给他舌尖上的惊喜。他说“丰湖有藤菜，似可敌莼菜羹。”“残花带叶暗，新笋出林香。”他的《食槟榔》诗如此描写槟榔：“上有垂房子，下绕绛刺御。风欺紫凤卵，雨暗苍龙乳。裂包一堕地，还以皮自煮。北客初未谙，劝食俗难阻。中虚畏泄气，始嚼或半吐。吸津得微甘，著齿随亦苦。面目太严冷，滋味绝媚妩。”寥寥不足百字，便把槟榔的形色、食法、味道和药用价值解释得清晰明了，必定是屡次尝试之后的经验之谈。

除了取之于自然、赞美自然的赐予，苏东坡也能像一个普通农夫一样，舍得下身段，通过劳作收获自己的美食所需。

苏东坡写过一首《雨后行菜圃》，诗中描绘道："梦回闻雨声，喜我菜甲长。平明江路湿，并岸飞两桨。天公真富有，乳膏泻黄壤。霜根一蕃滋，风叶渐俯仰。未任筐筥载，已作杯案想。艰难生理窄，一味敢专飨。小摘饭山僧，清安寄其赏。芥蓝如菌蕈，脆美牙颊响。白菘类羔豚，冒土出蹯掌。谁能视火候，小灶当自养。"

循着他的文字，想象一下这样的场景：雨夜，梦中醒来的苏东坡想到他种的菜蔬因雨水的滋润悄悄地生长，心下不免欢喜。天刚亮，他便急忙跑到菜园里去看，果然长势喜人，还没有采摘，他就似乎闻到了美味菜肴飘出的清香。青翠的芥蓝犹如菌菇一样脆美可口，鲜嫩的白菜犹如羔豚一样鲜美诱人，在自己的小炉灶上精心烹制，是多么惬意悠闲。

苏东坡被贬刚到海南时，因环境过于艰苦也曾有悲观情绪上演，认为自己命途坎坷，事实也是如此。但乐天派苏东坡随后也明白了，生活就如同食物一样，每个人都有不同的诠释方法，是苦是甜，属得属失，只在于个人的看法。苏东坡逐渐调整自己的心理状态，开始接受海南的生活，参与到田间的耕耘中去。从他的《和陶西田获早稻》便可知晓这一段时间他的辛苦劳作蕴含的人生意义，诗云："早韭欲争春，晚菘先破寒。人间无正味，美好出艰难。"艰苦的劳动可以创造出人间美味，纵观苏东坡的人生格局不也是浴火重生吗？

苏东坡苦中寻乐、其乐融融的心境把他和芸芸众生的距离又拉近了许多。劳作中的苏东坡，不再是金字塔尖的士大夫，而是一个普通而亲近的邻家大叔。

美食家身份的苏东坡，自然也是烹饪的高手。被贬谪到黄州，红烧肉便横空而出。在宋朝，猪肉是属于穷人的食材，一般有条件的以羊肉为主。苏东坡在黄州吃不起羊肉，便常去市场购买猪肉，回来切成方块，辅以作料，然后上锅烧煮。为此他还写过一首名为《猪肉颂》的打油诗："黄州好猪肉，价贱如泥土。贵者不肯吃，贫者不解煮。慢著火，少著水，火候足时它自美。早晨起来打两碗，饱得自家君莫管。"其中"慢著火，少著水，火候足时它自美"，便是"东坡肉"的烹饪方法了。

"东坡羹"也是苏东坡在黄州发明的，"不用鱼肉、五味，有自然之甘"。在《东坡羹赋》中，他详细介绍了"东坡羹"的烹制方法和诀窍：第一步，将白菜、大头菜、萝卜、荠菜等反复揉洗干净，除去其中的辛苦之味；第二步，在大锅的边缘和瓷碗内部涂上少许的生油；第三步，将切好的菜以及生米放入锅中并加少许生姜；第四步，将油碗倒扣在食物上，直到熟了才可以揭开，否则会有生油味。"东坡羹"留给苏东坡的记忆极其深刻，以至于时隔数载，每每忆起，便有恍如隔世之感，他感叹道"中年失此味，想像如隔生。"

饮酒品茗，是宋朝文人墨客典型的生活艺术，苏东坡无疑是其中的佼佼者。他自己本身就是一位酿酒师。

在《新酿桂酒》诗中，苏东坡描述道："捣香筛辣入瓶盆，盎盎春溪带雨浑。收拾小山藏社瓮，招呼明月到芳樽。酒材已遣门生致，菜把仍叨地主恩。烂煮葵羹斟桂醑，风流可惜在蛮村。"乡间的春溪，当头的明月，熬煮的蔬菜，自己新酿的桂花酒，这是他贬谪惠州时的一个生活画面。

在《蜜酒歌（并叙）》诗中，苏东坡显然对自己酿酒的手艺颇为得意："真珠为浆玉为醴，六月田夫汗流泚。不如春瓮自生香，蜂为耕耘花作米。一日小沸鱼吐沫，二日眩转清光活。三日开瓮香满城，快泻银瓶不须拨。百钱一斗浓无声，甘露微浊醍醐清。"在诗的最后，他还对为他提供酿酒材料的蜜蜂表达自己的感谢："世间万事真悠悠，蜜蜂大胜监河侯。"

懂茶的苏东坡，对福建产的茶叶倍加推崇，屡屡写诗褒扬。如"香浓夺兰露，色嫩欺秋菊。闽俗竞传夸，丰腴面如粥。"又如"森然可爱不可慢，骨清肉腻和且正。雪花雨脚何足道，啜过始知真味永。"福建茶的香浓、丰润，后人读苏东坡诗歌时仿佛可以嗅得到，品得到。

苏东坡的饮食诗文，有许多是在他身陷困境、囊中羞涩时的作品。特殊境遇中的苏东坡以及他津津乐道的吃吃喝喝，对我们来说，更加有血有肉、平易近人。他认真求索，豁达开阔，随调而安，幽默乐观，就是我们心中完美的文人士大夫应该具有的样子。入世兢兢业业，出世率真洒脱，千古以来，有谁可以和苏东坡并肩呢？

何止是口腹之欲
——饮食讲究

“诸酒店必有厅院，廊庑掩映，排列小阁子，吊窗花竹，各垂帘幕。”孟元老在他的《东京梦华录》里，这样描述北宋都城汴梁酒店优美雅致的环境。

南宋时此等状况，也见载于《梦粱录》：“店门首彩画欢门，设红绿杈子，绯绿帘幕，贴金红纱栀子灯，装饰厅院廊庑，花木森茂，酒座潇洒。”

饮食业蓬勃发展到一定阶段，就不再止于饮食本身的竞争，宋朝人在享受美食的同时，无论是商家还是客人，对就餐环境的讲究颇为郑重其事。即使一般的熟食店，也有张挂名人字画招徕客户的，这是饮食业服务水平提升的一个象征。

酒肆饮食环境布置之雅洁，甚至连皇帝都为之驻足。宋高宗有一次游幸西湖，经过断桥，桥旁一家小酒肆吸引了他的目光，进店浏览，果然环境雅洁，素雅的屏风上书有《风入松》一词。宋高宗注目称赏良久，问是何人所作，回答是太学生俞国宝在此喝醉了写的。

伴随市场的需求，饮食业专业的服务机构也应运而生，名字叫“四司六局”，承包宴席、租赁器具、环境布置等等，举凡商家、客人需要，都是他们的业务范围。分工细致，系统化、条理化的服务，让宋朝人乐得在宴请上省心省力：“烧香点茶，挂画插花，四般闲事，不宜累家。”

食品卫生关系到人们的身体健康，商家更是懂得它关系到经营的信誉，因此在宋朝，就连那些收益微薄的小食贩，也非常讲究衣着、器具的整洁与卫生。在孟元老笔下，北宋汴梁城“凡百所卖饮食之人，装鲜净盘合器皿，车檐动使，奇巧可爱，食味和羹，不敢草略……稍似懈怠，众所不容。”卖辣菜的小贩，衣着整洁，“着白虔布衫，青花手巾”，带着洁净的“白磁缸子”叫卖。

整洁卫生、巧妙装饰的优良传统也为南宋临安的食贩们所继承，吴自牧是这样记述的：“杭城风俗，凡百货卖饮食之人，多是装饰车盖担儿，盘盒器皿新洁精巧，以炫耀人耳目，盖效学汴京气象……不敢苟简，食味亦不敢草率。”宋朝的王明清也记载“京师樊楼畔，有一小茶肆，甚潇洒清洁，皆一品，器皿椅桌，皆济楚，故卖茶极盛。”

食材的新鲜，是成就美食的前提条件，宋朝人对此尤为重视。肉类如果有异味，宋朝人认为不可食用。有人喜欢吃鱼，必须亲自看到活鱼的宰杀过程才能放心。为了能第一时间品尝到新鲜的瓜果蔬菜，富庶的家庭不惜重金争而购之。初夏之际，新鲜的茄子、瓠子上市，每一对的售价在十余贯，也绝不缺少购买之人。

汴梁城西的皇家金明池琼林苑，每年农历三月一日起开禁，允许游人在划定的区域游览，金明池的西面游人稀少，多为垂钓之士，他们事先在管理部门购得垂钓许可证，钓到的鱼当即就会被游客高价买走，交给商家烹制，依水佐酒而食。

在没有冷藏技术的时代，一些鲜活的食物原料，尤其鱼虾类水产难以存放，通常经过干制、腌制、糟制、泡制或蜜制等方法贮存，但毕竟不是新鲜之物。

天台特产的桐蕈味道极其美妙，从远方运到汴梁这样的大城市，通常是浸渍在麻油里保持一定的新鲜度。然而这并不能满足宋朝追求极致的千金之家，他们另有挖空心思的办法。几个富户，会用今天众筹的办法，索性把长着桐蕈的桐树买来，可随时采摘。

宋朝人对食品的新鲜程度要求，在节日饮食方面更加突出。如浴佛节、崔府君生日、立秋、中秋等节日即将来临时，嗅觉和行动敏锐的商贩们便贩来大量的时新水果、蔬菜当市售卖，利润自然不菲。祭祀祖先的祭品，更要选用新米、新果、新酱等。

史料见载的宋朝人的不少饮食习惯在今天看来有相当的科学道理。

苏东坡用餐完毕，会用浓茶漱口，既去除烦腻，又将齿间的食物清理掉，不必用牙签，这样牙齿就会坚密。

晁说之认为，脾喜温，所以“饮食须用暖”，饮食太冷太热都会让阴阳失调。

周煇说，食物无论是粗细，饿了都会适口。因此条件一般的人家，有“晚餐当肉”的说法。晚餐的原则是“烂、热、少”，烂则易于咀嚼，热则不失香味，少则有益于养生。

陆游应该是同意这个说法的，他的《食粥》诗有小引曰：“张文潜有食粥说，谓食粥可以延年，余窃爱之。”其诗曰：“世人个个学长年，不悟长年在目前。我得宛丘平易法，只将食粥致神仙。”

由此看来，宋朝人在饮食上虽然物质条件丰厚，也并非都是大快朵颐、胡吃海喝，节制饮食思想在当时是得到认可和推广的。苏东坡所言“已饥方食，未饱先止。散步逍遥，务令腹空。当腹空时，即便入室”便是佐证之一。

苏东坡曾为自己制定饮食戒律：每顿饭只喝一爵酒，吃一碗肉。即便有客人来，也只是三道菜，“可损不可增”。有人请他吃饭，苏东坡也会把这一标准预先告知主人，超标就不赴宴。他说这样一是安分以养福，二是宽胃以养气，三是省费以养财。

对于饮食不加节制的害处，宋朝的杨仲良说，吃得太饱，人就会昏沉，四肢疲软，此时睡觉更是让血脉凝滞，诸病自生。

饮食节制有度，确实在宋朝人身上看到它养生的效果。皇宫内侍张茂则每顿不过粗饭一盏，浓腻之物绝不入口，老而安宁，一直活到八十多岁，他常常劝人要少食勿大饱。王晢在饮食上非常精细讲究，但“食不尽一器，食包子不过一二枚”，活到八十岁。刘几喜欢饮酒，但只要饮酒，就不再吃饭，只是吃少量水果，也活到了八十岁。

关于宋朝的饮食养生，医学家和道学家是首倡者，官僚贵族和文人士大夫是热情的参与者，而普通民众则是跟随者。理论和实践让他们在饮食养生上留下诸多宝贵的经验，比如“凡食，太热则伤胃，太冷则伤筋，虽热不得灼唇，虽冷不可冻齿。凡食，温胜冷，少胜多，熟胜生，淡胜咸。”

食物要洁净、新鲜，饮食要节制有度，除此以外，宋朝人还很在意饮食上的禁忌：

螃蟹和荆芥汤一起食用会令人吐血，螃蟹忌与红柿同食，也会导致人吐血。

食猪脑会损害男人的阳道，尤其不能在酒后食用。

食用砂糖过多会令人心痛，砂糖同鲫鱼一起食用会使小孩患肠胃病，同笋一起食用会使人患食瘕。

口渴的时候不能以清酒止渴，饥饿的时候不能以干肉充饥。

生杏仁有大毒，需要煮熟到中心没有白色才可以食用，否则会累及生命安全。

有一种名叫龙荔的水果，外形像小荔枝，吃起来像龙眼，可以蒸食，但生吃会让人癫痫。

茶与韭菜同食，令人身重。人吃豆三年，则身重。人常食赤小豆，令人枯燥。

得了红眼病不能吃螃蟹，否则容易“内障”。

河豚的眼睛、鱼子、血液都有毒，人们若吃下这些东西就可能中毒，不及时救治还可能因此而丧生。

鱼无颊、无鳞，眼睛可以开合，能发出声音的，一般是有毒的鱼。

有毒的蛤蟆，大的可以毒杀人，小的会让人便秘、腹部疼痛。

有些菌类，不是生于草木，而是在腐骸毒蛇之上长成，大而漂亮，有人误以为是灵芝，吃了就会立刻死亡。

这些见诸苏东坡、范成大、洪迈和周密等名人笔记的饮食禁忌史料，有些是被现代科学证实认可的，有些也并无科学的依据，但它从一个侧面反映了宋朝人在满足口腹之欲外，在饮食方面的讲究是多面而细致的，处于历史上很高的水平，由此也验证了宋朝兴盛的经济发展状况，如果食不果腹，饥不择食，又怎么会有闲情逸致去讲究那么多呢？

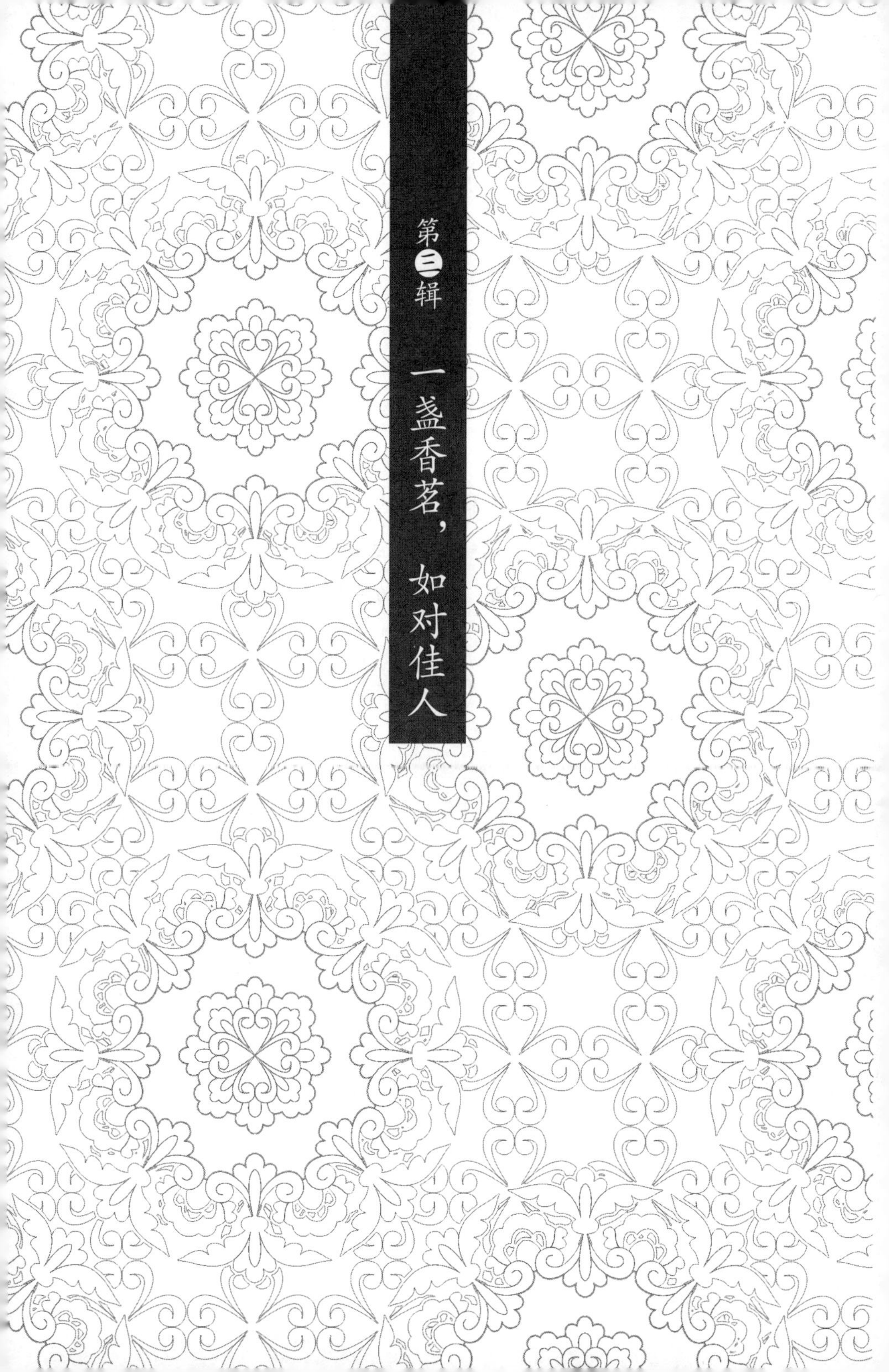

第三辑

一盏香茗，如对佳人

不客气地讲，今人在茶艺茶道上的作为，在宋朝人那里只能俯首汗颜。如果只能选一个朝代去讲“茶禅一味”，毫无疑问，那只能是宋朝。因为，它是茶的一个巅峰。

出自泥土的芬芳
——茶叶生产与加工

“茶禅一味”，至为简单的四个字，却浓缩了中国茶文化的精髓。中国茶文化，兴于唐，盛于宋，到了宋朝已经铸就难以超越的高峰。

北宋徽宗年间，高僧圆悟克勤禅师在撰写禅宗著作《碧岩录》时，也在不停地思索茶和禅的关系，终有大悟，遂挥毫写下“茶禅一味”四字。

到了南宋末年，日本僧人荣西来中国参禅修习，走时将圆悟克勤禅师的《碧岩录》以及“茶禅一味”墨宝带回日本。回国后荣西写成《吃茶养生记》一书，由此成为日本佛教临济宗和日本茶道的开山鼻祖。

作为日本茶道的师父，中国茶文化的博大精深，首先根基于中国是个产茶大国。尤其是到了宋朝，由于茶树栽培技术的改进，茶叶生产管理水平的提升，茶叶生产的空前繁荣已非唐朝可比。

温暖湿润的江南，是中国历代的主要产茶区，宋朝也不例外，而宋朝产茶区的范围要比唐朝和五代更为广阔。按现今的行政区划，宋朝主要产茶区涉及十六七个省、直辖市和自治区，例如四川、重庆、江西、浙江、福建、湖南、湖北、安徽和广西等。

广袤的产茶区，带来的最直接的效应即是茶叶产量的庞大数字。据《宋史·食货志》等记载，北宋前期榷茶制度中所显示的每年茶叶交易数额，总计达二千三百余万斤，这还不包括未纳入官方统计的私茶贩卖的大量交易。到了南宋时期，除了淮南产茶区受宋金战争的影响外，其他产茶区变化不大，至少与北宋时期的产茶量相当。

茶叶产量的蓬勃增长，也促使宋朝的茶叶加工水平走上历史的巅峰。以史料记载最为详尽的北苑贡茶来说，它的加工方法包括采茶、拣茶、蒸茶、榨茶、研茶、造茶和过黄七道程序，每道程序都细致到无以复加。

采茶的时间，宋朝人讲究的是在惊蛰前后不久，清晨太阳未出之前。此时夜露未晞，茶芽肥润，而阳光会使茶芽的膏腴内耗，到煎泡的时候颜色就有所折损了。采茶要求以指甲掐而不是用指头摘，因为指头的温度会让茶叶变软，指甲则能迅速掐下茶叶，避免对茶叶的伤害。

所谓拣茶，就是对采摘的茶叶进行分类，有小芽、水芽、中芽、紫芽、白合、乌带六类，这个顺序也是初步判定茶叶品级从优到劣的排序。

拣好的茶要经过蒸制。茶叶反复洗净之后，置于甑中用沸水蒸。这道工序火候十分重要，过轻或过重都不好，唯有刚好蒸熟才能成为上品；蒸得过熟则色黄而味淡；蒸得不熟则色青易沉，并且有草木之气。

蒸熟的茶叶，自然要榨去水分。淋洗冷却后的茶叶，用布帛包裹，束以竹皮，根据茶叶品性的不同，采用不同的压榨力度，以使留存的水分达到最佳的比例。

榨过的茶叶要放在陶盆里面研磨，过程中要多次加水，必须水干、茶熟才算完成此道工序。水不干则茶不熟，茶不熟则茶粉不匀，煎泡的时候容易下沉，因此研茶的师傅需要有相当的力气。

造茶，是给研好后的茶叶定型。经过揉匀，然后入模，压成饼状。模有圆形、椭圆形、方形、棱形、花形等。茶饼边缘套有银圈、铜圈和竹圈之类，有的银圈、铜圈还带有龙凤图纹等。

最后一道工序是过黄，也就是将茶饼焙干。用火烘焙，然后浇上沸水，再烘焙，通常要如此反复三次，这是使茶叶最后变为成品的关键工序。经过这道工艺，不但使茶饼便于保存，还保留了茶饼自然的光泽和美感。

宋朝的茶叶加工有官焙和民焙，官焙在其中所占比重只有百分之一，但地位相当重要，他们是朝廷贡茶的提供者。

宋朝的贡茶大多出于福建北苑，北苑龙焙也就成为宋朝贡茶加工的主要地点。宋太宗太平兴国年间，建御苑于南唐的北苑，北苑龙焙由此兴盛起来。北苑的贡茶饱受赞誉，时人评说“茶自北苑上者，独冠天下，非人间所可得也。”

北苑在福建建州东边的凤凰山一带，方圆三十余里，从事茶叶加工的役夫常常超过千人。北苑茶叶加工精益求精，因其卓越的表现，宋徽宗在《大观茶论》中不禁夸耀说：“采择之精，制作之工，品第之胜，烹点之妙，莫不盛造其极。”

贡茶中的佼佼者如龙凤团茶、小龙团茶、密云龙茶、龙团胜雪等极品，都是在不断改进生产和加工技术的基础上制作出来的。北苑所造茶叶品种之精，技术之先进，是宋朝茶叶加工技术的典范，也是这项技术不断创新的有力推动者。

与官焙相比，私有茶园是宋朝商品茶的主要提供者，规模相当庞大，在茶叶加工时节会雇佣大批人员从事劳作。民焙主要以赢利为目的，整体茶品无法与贡茶相媲美，但有些民焙茶品也相当精美，其中的绝品亦可匹敌官焙。

无论是官焙还是民焙，茶叶加工都需要一定的技术，所以会选择对加工技术谙熟的当地土著，另外也会招募大批的贫民，这些人的待遇一般较低，每天薪金六十文，不包伙食。特别是研茶师傅的待遇更是低下，起初还要剃去头发和胡须，后来稍有改善，只要求用幅巾包头洗净双手，另外配给新的干净衣服。采摘制作的贡茶，时间要求特别严苛，因此为了及时完成工期，官焙的监督人员会督促工匠日夜赶制，有些工匠无法忍受如此大的工作量，逃亡现象时有发生。

宋朝对茶叶生产和加工的管理体现出相当的先进性，但一度过于严格死板而缺乏灵活性。在榷茶制度施行以前，民间采茶分为牙茶、早茶、晚茶、秋茶，采茶的时间跨度很广，茶叶的收益自然就很可观。榷茶制度施行后，主要以采摘春茶为主，茶农利益受损。后经苏辙茶法改革，茶农仍可采摘秋茶等其他时节的茶叶，不仅为茶农增加了利润，还可充分利用茶叶资源，这也说明宋朝的茶叶生产和加工，也逐渐向精耕细作的管理模式转化。

茶叶加工制造完成以后，如何贮存乃是一项极其重要的工作。

如果贮存方法不当，茶叶将会变潮、串味，茶叶本来的色、香、味会受到很大的影响。唐朝的陆羽在《茶经》中提到一种叫“育”的贮存工具，宋朝的前期也大多用它来贮存茶叶。育，用木料制作，竹篾编在外边，再用纸糊封，中有隔，上有盖，下有底，边有门。育的中间放置有煨火的容器，江南梅雨时节，可以煨火加温，祛除茶叶的潮湿之气。

后来的宋朝人也逐渐改进了茶叶的贮存方法，比如蔡襄介绍，将茶叶密封，用香蒲叶包裹，放在笼子里，置于高处，则不近湿气。宋徽宗则说，焙好的茶叶用老竹子制作的漆器缄藏，潮湿的天气不要打开，即使过了一年再焙，茶叶还是色常如新。欧阳修则采用一种以茶养茶的方法，精品茶叶用红纱囊裹，比例是十斤普通的茶养一两精品茶叶，可以避暑湿之气。

从茶叶贮存角度来说，宋朝有着得天独厚的条件，因为宋朝制茶以饼茶为主，饼茶紧密结实，不易潮湿变味，为茶叶的贮存提供了独有的便利条件。

春雷之后的熙攘
——茶叶贸易

“黄陵庙前湘竹春，鼓声坎坎迎送神。包茶裹盐入小市，鸡鸣犬吠东西邻。”

这是南宋周密描写乡间庙会集市的诗句。春天刚刚莅临，在熙来攘往的人流中，茶农和其他小商贩一起赶往集会，摆好摊子，迎接前来收购的茶商或茶叶消费者。这种村墟交易并非宋朝茶叶贸易的专业市场，但作为开门七件事之一的茶叶，仍然是其中重要的商品。

宋朝专卖性质的茶市，多设于产茶区。大型产茶区的茶叶生产和加工比较集中，具有相当大的规模，来自天南地北的茶商云集而至，进行大批量采购，因此专门从事茶叶贸易活动的茶市便在当地兴起。到南宋时期，这种茶市更加普遍。诗人陆游喜作茶诗，平生有茶诗三百余首，对于当时在绍兴很有名的兰亭茶市，他在《湖上作》中描写道：“兰亭之北是茶市，柯桥以西多橹声。”又在《兰亭道上》中提到：“兰亭步口水如天，茶市纷纷趁雨前。”茶市的兴隆在陆游笔下可见一斑。

还有一种茶商，索性撇开茶市，省去了许多中间环节，带着金银、布帛之类的财物，直接与茶农议价采购茶叶。这不是一种集中的市场，但在当时也是比较常见的交易形式。春雷一惊，筠笼才起，各地的茶商已经登门求购，当时常见的情景是，茶农们听见鸡飞狗叫之声，就知道茶商上门来了。

宋朝的茶叶市场相当景气，优质茶叶更是十分抢手，在茶商和茶农的直接交易中，已经出现隔年预交定金的支付手段。这种信用支付方式，一方面证明了当时茶叶的供不应求，另一方面也说明了当时的茶叶私相贸易已具备了一定的规范，体现了交易的自愿、公平与公正，茶商已经与茶农建立起比较稳定的合作关系。即使后来施行官方的榷茶制度，这种私相贸易也难以彻底禁止。

茶叶产区多分布于气候和湿度适宜茶叶生长的丘陵地带，因此在非产茶区，要想获得大量的茶叶，必须借助茶商长途跋涉从产地贩运至目的地。在当时交通并不方便的条件下，一趟运输和采购通常要经历月余或数月时间，经销地分散且运输路途遥远，而茶叶产地与最终销售地之间又不方便建立直接和连续的贸易关系，于是茶叶中转市场应运而生。

茶叶中转市场是联系各个消费终端和原始产地的纽带，它是多个供应点和多个销售点的集合，在茶叶市场的运营中起着承上启下的作用。宋朝茶叶的中转市场，按区域可主要划分为东南中转市场、以汴京为中心的北方中转市场、川陕中转市场等。

东南中转市场的主要流通方向是由南至北，茶商从乡间草市、茶市或茶农手中采买而来的茶叶，经过初步集中之后，短途运输到达附近人丁兴盛之地，在这里与更多来自各地的商人进行交易，这些商人转而直接贩运至北方各主要销售市场，茶叶在这里完成了第二次交易。

北方的茶叶中转市场主要分为汴京市场与京西、京东、河北、河东茶叶市场。汴京的茶叶主要从东南市场出发，在长江沿线集中，再远运而来，分东西两路，东路取道扬州走运河，西路取道庐州入颍河。汴京作为当时世界上人口最多、最为繁华的大都市，不仅成为了茶叶最大的中转市场，也是全国最大的茶叶终端消费市场。汴京的茶叶有官营和私营之分，大部分还是商人经营。茶坊作为茶叶的销售点和休闲场所，在汴京随处可见，鳞次栉比。

川陕中转市场也是当时举足轻重的一个集散地，茶叶流通的方向是气候干燥、茶叶需要外给的西北地区，所以每到售茶旺季，川陕的各个茶场交易量极大。

在宋朝的茶叶经济中，茶马贸易是绝对不能忽视的一种贸易类型。茶马贸易始于唐朝，当时回纥人驱马来到大唐，以马易货，与当地人进行茶叶、盐铁、布帛等货品的交易，“茶马”一词便由此而来。到了五代，时局纷乱，茶马贸易曾一度趋于停滞。宋朝一统政权后，对此非常重视，茶马贸易又得以恢复和发展，并设有专门的机构“茶马司”类统筹与少数民族之间的贸易事务。

对于边区少数民族来说，历经唐朝数百年的习俗影响，他们清楚地认识到茶叶对于消食和弥补蔬菜不足的功能，有的甚至对于茶叶的需求已到了依赖的程度，如在藏、蒙民族就有“一日无茶则滞，三日无茶则病”的谚语。

宋朝自建国之初就一直与少数民族关系密切，北方外围先后出现的夏、辽、金政权，与宋朝形成对峙格局，对宋朝构成威胁。为此，宋朝对于茶叶向少数民族地区的输出是有控制和调节的，也充分利用了北方少数民族马匹数量多、品质优良的特点，通过茶马贸易补充国内战骑的不足。

中国的茶叶，四海闻名，宋朝借由海上丝绸之路的茶叶出口贸易也是相当兴旺。宋太宗曾派遣八名宦官，分取四路，到南海诸国招徕外国客商，从此开始了从海路展开的与其他沿海国家之间的对外贸易，其中茶叶就是宋朝对外出口的主要商品之一，又以福建的腊茶最为畅销。宋朝分别在广州、明州（今浙江宁波）、泉州等地设立了专门掌管海外贸易的市舶司，在海外贸易中获利颇丰，海外国家也从中得到自己所缺之物。因为茶叶之类的商品在国内富余，所以宋朝政府对于海外贸易给予了长期的支持。

各种类型茶叶贸易的欣欣向荣，使得茶商一度成为宋朝最大的商业资本阶层。他们带着雇佣的船只和车马出没于乡村的大小墟市、专卖的茶市和中转市场，水陆交通要道上，茶商的身影往来不绝。如此繁荣的局面，自然是有原因的：

一者宋朝由重农抑商思想向农商并重观念转变，这是一个前提性和根本性的影响。宋朝在商业各个领域对贸易活动放宽了限制，商人不再是一种卑贱的职业，追逐利益也不再是令人难堪的欲念，上自皇亲贵族，下至庶民百姓，对待商业的态度也表现出前所未见的宽容，甚至官员、文人乃至寺院的僧侣都开始涉足商业活动。在这样的大背景下，经营茶叶生意因利润巨大，很多茶叶生产者转变为茶商，也有一些其他的商人转而经营茶叶，茶商的数量因而迅速激增。

二者宋朝交通发达，陆路和运河、内河形成纵横交错的交通网络，造船术、航海术处于世界先进水平，海运也得到空前发展。有了便利的交通环境，茶叶贸易大大降低了运输成本，才使得茶叶贸易市场的扩大成为可能。

为了更好地掌控市场乃至垄断市场，宋朝出现了茶商组建的茶行，与其他商业行会一样，这是茶叶商业资本发展到一定阶段的产物，表明茶商力量在宋朝得到了极大增强。他们统一步调，可以决定茶叶的批发价格，而那些远道而来的批发商们为了得到一个有利可图的价格，还必须极力讨好奉承，然后将损失转嫁到下户身上，以此保证利润的获取。

除了实力雄厚的茶商，民间开始从事茶叶经营的人和转行从事茶叶经营的坐商小贩也越来越多，茶叶市场竞争日趋激烈。此般情形下，茶叶经营者们更加注重对于茶叶经营经验的总结、经营手段的创新，以求能在这无声的商战中立于不败之地，赚取更大化的利益。他们开始关注茶叶商品的宣传，力求经营方式上的灵活，甚至开始将多样化经营与茶叶经营结合起来，达到以茶促商、以商促茶的双赢目的。

茶叶广告并非宋朝的独创，在中唐以前，茶叶经营者就知道运用广告提高自己的知名度，但由于百姓饮茶风气尚未浓厚，茶叶经营者实力分散薄弱，所以茶叶广告一直没有较大的发展，直到宋朝这种情况才发生了极大改变。

在宋朝汴梁、临安等大城市，商业活动打破了时间的限制，出现了夜市，于是灯笼就成了一个极好的宣传手段。众多的茶坊门前悬挂有“茶坊”字样的灯笼，夜晚点亮蜡烛，迎风飘摇，花费不大的成本，却赚足了路人的眼球。

茶叶经营者在经营理念上的又一大进步，是开始注重自己的经营招牌，这些招牌有的以店主的名号命名，如“郭四郎茶坊”“俞七郎茶坊”“黄家茶坊”等，这种招牌容易让人产生一种亲切感，使经营者和消费者无形中拉近了距离；有的招牌个性十足，显示着经营者品位和趣味，如“清乐茶坊”“八仙茶坊”“朱骷髅茶坊”“一窖鬼茶坊”等；甚至还有貌似今天连锁店性质的招牌，如“连二茶坊”“连三茶坊”，见招牌便知此店规模可观。这些见诸《东京梦华录》《梦粱录》《清明上河图》的店铺招牌形式各异，让消费者在记住店铺名称的同时，也联想到店铺的经营理念和情趣，因而在心目中留下了深刻的印象。

茶叶经营者注重对店铺门面进行精心装饰，方法多种多样，主要有插花、刷漆、挂字画等，力求经营环境的雅洁。他们甚至懂得用娱乐活动比如音乐演奏、说书和唱曲来吸引招揽顾客。

由此可见，在宋朝，从事茶叶生产、加工、贸易和经营的社会成员众多，茶叶也逐渐成为市场上一种十分流行的大宗商品，无论于民生，还是对国家经济都发挥了特殊而重要的作用，正因为有了这样的作用，才会有茶文化在宋朝的兴盛发达。

茶圣指引的文雅
——茶艺

南宋陆游是茶文化的铁杆粉丝，一生留下三百余首茶诗，为历代之冠。“水品茶经常在手，前身疑是竟陵翁。”在这句诗中，陆游甚至得意地自诩是茶圣陆羽的投胎转世。

陆羽是唐朝竟陵（今湖北天门）人，因一部《茶经》闻名后世，有了《茶经》才有了中国的茶学。陆游和陆羽同姓，因此从他得意的自诩中，也不难理解他对茶的痴迷程度。

不仅仅是对于陆游，茶圣陆羽对于宋朝注重茶文化的整个文人群体，都是一个超级偶像。宋朝关于茶的专著，比如蔡襄的《茶录》、宋徽宗的《大观茶论》等，都是于《茶经》的基础上的再发展。

较之于唐朝，宋朝商品经济尤为繁盛，城市、市镇大量兴起。坊市制度的打破，店铺的增多，商品活动的增加，促进了市民阶层的壮大。宋朝饮茶之风的兴盛，最重要的一个体现是从皇室到民间的蔚然成风，尤其是市民阶层占有着重要的比例。茶肆、茶坊发展到了历史的高潮，不但在汴梁、临安等大城市十分普及，它们也同样点缀着边缘市镇的大街小巷，成为市民阶层休息、交流和娱乐的重要场所。

当然，引领宋朝茶文化发展的最重要的主体，还是文人墨客，他们对茶艺的研究和实践可谓不厌其烦，精益求精。

茶叶这个最基本的原料最不容忽视。宋子安在《东溪试茶录》中记载，福建建溪的茶比其他地方更早发芽，其中北苑壑源最早。如果当年天气多暖，惊蛰前十天就出了茶芽；天气多寒，则在惊蛰后五天发芽。先发芽者，气味不佳，只有过了惊蛰者才是最佳。宋朝人认为茶芽越嫩越好，于是给它们起了相当悦耳的名字，一芽称莲蕊，二芽名旗枪，三芽为雀舌。

好水也是茶艺的关键，茶之用水分为不同的等级。陆羽《茶经》交代，山水为上，江水为中，井水为下。有一次，蔡襄与苏舜元斗茶，也即比试茶艺，蔡襄拿出了上好之茶，选用当时的天下名泉惠山泉之水。苏舜元拿出的茶劣于蔡襄，但他选用了竹沥水，结果出奇制胜。可见上好的茶水，在一定程度上也可弥补茶本身的不足，茶之用水的重要性不言而喻。

宋朝饮茶的方法多种多样，如点茶法、分茶法、煮茶法、煎茶法和泡茶法等。自唐朝至明朝，中国茶艺不断发展，到清朝基本定型。宋朝具有承上启下的作用，饮茶技艺具有鲜明的特性，在中国茶文化发展史上占有特殊的地位，其中点茶技艺传入日本后，即成为日本茶道的源头。

唐朝饮茶的方法主要为煮茶法，但已有点茶法的出现。到了宋朝，点茶法开始兴盛起来。点茶法从程序来说相对比较繁复，主要有炙茶、碾茶、罗茶、候汤、熁[②]盏、调膏、击拂几道程序。

炙茶，用微火慢慢烤茶饼，为的是使得茶的香味更加浓郁，去除水分和苦涩味。

碾茶，用茶碾细细地将烤过的茶饼碾碎成粉末，目的是为了后来点茶时，茶的香浓成分充分溶解到水中。

罗茶，用绢罗筛茶末，过滤杂质，留下最细的茶粉。

候汤，等待适当煮沸的水。水的沸腾程度是点茶成败的关键，蔡襄认为候汤这道程序是最难掌控的。如果水煮得不熟则沫浮，煮得过熟则茶沉，只有分寸把握得恰到好处的沸水，才能点出色香味俱佳的茶水。陆羽在《茶经》里说，适合烹茶的是“三沸水”：一沸，“沸如鱼目，微微有声”；二沸，“边缘如涌泉连珠”；三沸，“腾波鼓浪”。水到了三沸之时，就要把煮水的汤瓶从火上移开，否则，水老了，点出的茶就会发苦。

熁盏，用煮沸的水烫洗茶盏，目的是为了令茶盏保持一定的温度。因为茶盏“冷则茶不浮”，也不利于茶水香味的散发。

调膏，将茶末置于茶盏中，用少量沸水调成膏状，先溶解茶叶的成分为浓汁。

击拂，一边用汤瓶中的沸水往茶盏中冲点，一边用竹制的茶筅或者金银制的茶匙在茶盏中来回搅动。这时，茶水表面会泛起一层泡沫，叫饽沫。

在文人墨客和上层社会中盛行的斗茶，采用的就是点茶法，只是在这些程序的前后分别增加了列具和比试两道程序。

---

② 熁（xié）：烤

所谓列具，就是摆列出点茶用的茶具，茶具的精美程度也是斗茶的一项内容。茶具主要包含茶盏、汤瓶和盏托。

茶盏，比碗小的器皿，饮茶所用。斗茶时要比试茶色，为了易于观察，用黑釉瓷茶盏最适合。宋朝福建建阳窑产的兔毫盏，是黑釉茶盏中最著名的品种，盏身内外皆有棕色或铁锈色条纹，尤以闪银光色的细长条纹者为最佳，状如兔毛，故称兔毫盏。

汤瓶，点茶时用于烧煮或贮盛开水。宋朝的点茶与唐朝的煮茶、煎茶最大的不同在于茶叶不再放入茶釜里与水同煮，而是放在茶盏中用汤瓶煮水来冲点。宋朝的汤瓶有银制的，但总体上以瓷制汤瓶为主流。

盏托，用于增加茶盏的稳定性，没有倾倒之虞，可放心点茶。宋朝的盏托材质有金银铜铁、瓷器、漆器等，造型花样百出。精美的盏托也增添了品茗的情趣。

比试这道程序，相当于斗茶的决胜局。在击拂时激起的饽沫能够长时间停留在茶盏的内壁，则说明茶水浓郁，茶的品质较好。等到饽沫散去，茶盏内壁会出现水痕，水痕先消失的，算败了。水痕耐久者，胜。当然，光看饽沫决出胜负是不够的，还要比试茶水色泽。色泽鲜白、纯白为胜，其余名次为清白、灰白、黄白。

茶水泛白，说明采茶时选的都是肥嫩的叶子。如果水色泛青，说明蒸的火候不够；泛灰，说明蒸的火候过了；泛黄，说明采制不及时，茶叶已经老了；如果泛红，说明在茶饼干燥过程中烘焙过度了。

如果说点茶法的特色是一丝不苟，那么分茶法则是在这个基础上的想象力的艺术。点茶，又称“汤戏”“茶百戏”或“幻茶”等。

在击拂时，分茶高手像施了妙诀一般，使茶水的纹脉变幻出自然景象或花、鸟、鱼、虫、禽、兽等形象，纤毫毕现，却又须臾散灭，让人叹为观止。如此神奇的技艺，自然一般人很难掌握，但也有不少在宋朝文人的诗歌中留下美好的记忆。杨万里在《澹庵坐上观显上人分茶》中有云："纷如擘絮行太空，影落寒江能万变。"诗中"显上人"分茶之时，犹如在茶水中泼墨挥毫，一幅生动逼真的如诗图画呈现在茶水中：高天上的流云像撕碎的棉絮一般洁白无瑕，云影落在寒江之上，呈现千变万化的形态，让人惊奇于它的不可思议。

在点茶法和分茶法之外，煮茶法、煎茶法和泡茶法等也是宋朝常见的饮茶方式。煮茶法和煎茶法在唐朝即已流行，宋朝主要是在唐朝旧法基础上的延续而已。泡茶法自宋朝出现以后，经过发展成为明朝以后的主要饮茶方法。

饮茶是生活的艺术，因此品饮佳茗之时，周围的环境同样受到人们的重视。一般而言，品饮环境以清雅幽静为主，而宋朝则呈现出因阶层不同而各异的品饮景象。

宋朝宫廷饮茶讲求的是气派，一般要举行大型的茶宴，如蔡京在《保和殿曲宴记》中，就记载了宣和元年宋徽宗召集蔡京等十几位大臣赐茶的情形。

民间普通百姓一般到茶坊、茶肆饮茶，环境优雅也不失欢快气氛。

文人墨客的品茶，追求的环境更注重清雅，往往与松、竹、梅、兰、菊、冬雪和明月等物相依托，如苏轼在《汲江煎茶》诗中就有"茶雨已翻煎处脚，松风忽作泻时声"之句，品茶意境之美跃然纸上，让人感叹中国茶文化之深邃。

特别值得注意的是，宋朝人在品茗过程中，除了讲究茶质、茶艺和环境等因素之外，还贯穿着一种精神，这就是所谓的“茶道”。

“茶道”一词最先出自唐朝，茶道乃是艺茶过程中所贯彻的精神。有道而无艺，道就是空洞的理论；有艺而无道，艺则无精、无神。茶艺与茶道结合，艺中有道，道中有艺，方能达到物质与精神的高度统一。

茶道以茶艺为载体，来揭示茶之道。同时，中国的茶道，也是与儒、释、道三家思想文化相结合的结果，茶道吸收了三家文化之精华，其中也自然蕴含着某些深刻哲理的成分。

儒家思想作为中国古代社会长期占据统治地位的主体思想，当然在潜移默化中深刻影响着中国的茶道文化。“仁”和“中庸”是儒家思想的主要内涵，有一定文化修养的文人墨客，是饮茶者的先导和主体，这些儒家思想自然也会倾注在品饮过程之中。饮茶能使人保持清醒的精气神，创造和谐的氛围，升华人的精神境界，如范仲淹在《和章岷从事斗茶歌》中就有“众人之浊我可清，千日之醉我可醒”之句；宋徽宗在《大观茶论》中也有“中澹闲洁，韵高致静”这样对茶道境界的评价。

道家主张“天人合一”“道法自然”，中国茶道也主张人与自然的协调、和谐。另外，道家注重养生和修炼，饮茶所发挥的养生修心作用，也正能帮助其达到一定的效果。

茶道与佛教的结合就更为普遍。人们首先想到的就是所谓的“茶禅一味”，茶与禅相互映照，融为一体，你中有我，我中有你。寺庙中僧人普遍饮茶，在某种程度上也刺激了茶的消费，推动了饮茶之风的盛行和茶道的传播。在宋朝茶道传播的过程中，佛教的确发挥了重要的作用。

维系关系的必备
——茶的礼仪

南宋的张九成，是高宗时的殿试状元，生性耿直，做官时关心民生疾苦，因不满朝政混乱多次宦海沉浮，后因得罪秦桧，被贬谪南安十四年。在艰苦的环境中，张九成收到了一位姓勾的官员朋友寄来的建溪茶，他感慨万千，写下《勾漕送建茶》一诗作为纪念。

诗中，张九成一边对勾公不顾世态炎凉、重情厚义的高贵品格表达由衷的钦佩，一边对得之不易的建溪茶倍加珍惜，烹完以后先到道观供奉，然后才举杯自饮。他在诗中写道："捧杯啜其余，云腴彻顶清。爽气生几席，清飔起檐楹。顿觉凡骨蜕，疑在白玉京。"建溪茶甘爽怡人，诗人饮后顿觉神清气爽，飘飘欲仙，仿佛脱胎换骨一般。

好友寄来的好茶，让张九成在人生的困境、苦境中得到极大的慰藉，他接着写道："须臾还旧观，坐见百虑平。"饮完之后小坐，心中积聚的万千焦虑和不平之气似乎都烟消云散了。此刻，茶就是一位信使，携带着好友的殷殷关切之情远道而来。

在宋朝，像勾公和张九成这样，通过以茶为穿针引线的媒介，表达浓情厚意，维系人与人之间良好的关系的例子并不鲜见。

以茶待客在宋朝是一种十分平常的礼俗，有“宾主设礼，非茶不交”之说。南宋诗人杜耒有诗云：“寒夜客来茶当酒，竹炉汤沸火初红。”生动地描绘出以茶待客的礼俗场景。

宋朝的婚姻礼仪中，茶作为聘礼是必备之物。茶树种植，必须是埋下种子，如果移植的话，茶树就会死去。结婚聘礼中的茶，正是取了“下种”“不移”的吉祥寓意。古代婚姻之礼有“六礼”之说，自茶礼加入其中之后，“三茶六礼”也成为婚姻的代称。《宋史》记载，按当时的礼制，诸王聘礼中就有“茗百斤”的规定。可见，宋朝从上层社会到民间，都把茶礼作为婚姻礼仪中的一部分。

茶在宋朝也被普遍用于祭奠，以表为人子女之孝思与孝道。梅尧臣在《吴正仲遗新茶》一诗中就以朋友送的新茶为祭品，寄托自己对母亲的缅怀之情：“捧之何敢啜，聊跪北堂亲。”同样的孝思也表现在王禹偁的《龙凤茶》一诗中。王禹偁为官多年偶然获赐龙凤茶，不禁浮想联翩：“爱惜不尝唯恐尽，除将供养白头亲。”他说，难得的龙凤茶值得倍加珍惜，自己都舍不得品饮，唯恐没有了，除非是为了敬奉双亲那才在所不惜。

宋朝人在父母去世的居丧期间，饮茶时也有一定的禁忌，比如周密在《齐东野语》中记有“凡居丧者，举茶不用托。”丧事为白事，忌讳红色，而茶托大多为红色，因此才有这样的禁忌。

宋朝家庭中，经常性且很重要的一项礼仪，就是晚辈为长辈敬茶，它被看作是尊敬老者和长幼有序的表现。平常邻里之间，也借助茶来增进相互关系。比如，对新搬来的邻居，大家除了争相帮忙之外，赠送茶水也是一个礼俗，显示出宋朝民间的睦邻之道。

茶礼在宋朝不仅仅体现在日常生活的细节中，它也是政治生活不可或缺的部分。宋朝皇帝赐茶是表示慰问或奖励，也是笼络人心的常规手段。赐茶的对象十分广泛，文武大臣、庶民以及边区少数民族等，都可享受到赐茶的待遇。

封建社会等级森严，赐茶自然也有等级高下之分。宋朝最高等级的赐茶为龙茶，次为凤茶。龙茶是专供皇帝的，也被皇帝赐予执政、亲王、长主，其他的皇族、学士、将帅可以获赐凤茶。宋朝名品贡茶的发展比较迅速，但新款贡茶在最初出现的年份里较少被赐予，一旦受赐，受赐者无不感到恩宠无比，于是会写下诸如“啜之始觉君恩重，休作寻常一等夸”这样的感恩诗。

宋朝为加强中央集权，彰显等级，在宋太祖时便撤座废茶礼，也即上朝议事、大臣觐见时，皇帝是不给大臣赐座赐茶的。但这样的规定，限于前殿，皇帝在后殿召见臣僚时，仍行赐座宣茶之礼。

由于具有消食化瘴等药物性作用，茶也是宋朝军需必备物资之一。宋初战事较多，皇帝给将士赐茶就成为经常性的事项。随着政权的统一，将士赐茶的军需作用相对减弱，逐渐与大臣赐茶趋于相同的意义，体现君主给予的慰问和奖励。

宋朝皇帝常会赐物于民，以示爱民。因饮茶在百姓中已比较普及，赐茶当然也可针对普通百姓。宋真宗泰山封禅后，宴请近臣和泰山父老，在赐给泰山父老的物品中就有茶。他还赐茶给西京年龄达到八十岁的父老，并免除其课役。宋仁宗也曾赐予西京年逾八十的老者每人三斤茶，免除其家徭役。他在游历洪福寺归来时，看见道旁的农耕之人，还赐给他们茶、帛。通常在国家举行重要活动，或君主巡幸到某地时，宋朝的皇帝会赐茶于民，特别会赐茶于年长者。

对边区少数民族赐茶，是宋朝保持与这些周边民族友好、安定的重要手段。

赐予吐蕃人茶等物品，是为了奖励他们向宋朝贡马，这种经常性的奖励甚至以月为时间单位。庆历三年，宋朝以每年赐绢十万匹、茶三万斤等为条件，促使西夏称臣。宋朝对西夏赐茶的目的，是为了使其归顺，实现西北边区的稳定。同时，对西夏归顺部族采取的奖励措施中，也包括赐茶一项。能率部下归顺者，赐银万两，绢万匹，钱五万缗，茶五千斤。由此可见，宋朝对边区少数民族的赐茶，或示奖励，或为诱惑，以稳定与这些民族之间的关系，有其明确的政治和军事目的。

赐茶之所以能起到如此重要的作用，与边疆少数民族地区的饮茶之风比较盛行是分不开的。在宋朝边区的少数民族王朝范围，从宫廷到民间，形成了一定的茶礼、茶俗，这些显然是受到中原茶文化的影响。

辽朝的契丹民族，以游牧为生，肉食是他们的主要食物，而茶具有助消化的作用，因此，自茶从中原传入之后，便成为他们喜爱的饮品。辽朝本地并不产茶，其茶叶全靠外援，宋辽之间的茶马贸易便是这样兴盛起来的。辽朝的各种礼仪中，茶也扮演着重要角色，如皇太后生辰时要“行茶”，祭山仪式中要“奉茶果饼饵”，宋使觐见辽朝皇帝时也会用茶招待。在河北宣化辽墓出土的壁画中，有《茶道图》和《煮茶图》，这是辽朝饮茶礼俗最直接的印证。

金朝在祭祖时，祭品中有所谓的“茶食”。西夏更是“唯茶最为所欲之物”。在巴蜀边缘的少数民族地区，在人们的婚俗、待客和交友等生活方面，茶都是重要的文化和精神载体。

根据史料的记载，宋朝周边少数民族地区的茶文化，既受到中原地区茶文化的深刻影响，又和中原茶文化有所差异，具有他们各自的民族特色，所有这些，共同造就了中国茶文化丰富多彩的内涵。

沁入诗词的清美
——茶与文学

唐朝的元稹有一首著名的《一字至七字诗·茶》，其中有“慕诗客，爱僧家”一句，用拟人的手法，道出了茶在品格上的高洁清美。

清淡、澄明的心灵状态，是中国古代文人追求的极致的人生境界，而茶在品性上正与这种人生审美不谋而合。

宋朝的文人认为，茶来自于自然，集天地山川之灵气，能涤荡人们心中的凡尘污垢。深刻理解和感受到茶性的清美，便能保持内心的宁静和闲淡。因此，在宋朝文人心中，茶是修身养性、陶冶情操的不二之选。

寄情于茶，是宋朝文人在俗世凡尘中解脱身心最有效的方式。在文学创作的过程中，茶可说是绝佳的精神催化剂。茶性清雅内敛而回味悠长，不仅可以成为文学创作的直接触媒，而且有助于品茗者形成凝练内省的心态。他们的作品中，主题大多是赞美茶的品性，在品茗过程中静观人生，体悟命运的浮浮沉沉，提炼出人生的哲理。

用茶滋润心灵的疲乏，用茶慰藉人生的遭遇，用茶勾起诗样的情怀，宋朝文人就这样在因茶勾起的飞扬思绪中，寻求自己的精神家园。可以说，茶性的种种特征完全符合宋朝文人对于清美的追求，并且和他们心中的理想人格得到了完美的契合。

宋朝文坛上，与茶结成良缘的文人不可胜数，苏轼是其中最典型、最著名的代表。他和司马光的“茶墨之辩”充满了睿智，也反映了茶在苏轼心中固有的品格形象。

司马光有一次问苏轼：茶越白越好，墨越黑越好；茶越重越好，墨越轻越好；茶越新越好，墨越陈越好，你为什么会同时喜爱这两种东西呢？

苏轼答道：上品之茶与妙品之墨都有香气，这是它们的品德；茶饼和墨块都很坚实，这是它们的节操。这就像贤人君子，相貌上有黑白、美丑之别，但他们的品德和节操却是一样的。

苏轼精通茶事、茶艺，创作了不少脍炙人口的咏茶作品。他写过一篇传记《叶嘉传》，主人公叶嘉其实就是以茶拟人。苏轼用动人的情节，委婉的言辞，让茶这位主角的人性光芒跃然纸上：“叶嘉真清白之士也，其气飘然，若浮云矣。”考察苏轼一生的跌宕起伏，尤其在逆境中的苦中作乐，这何尝不是他自己人格的写照呢？

有学者如此精当地评价苏轼和茶的关系：“宋代饮茶人生的典型代表是苏东坡。茶的面目、精神在白居易那里还是朦胧的，到苏东坡便明朗清晰起来了。白居易还是‘留一半清醒留一半醉’的酒茶互补人生，苏轼则是纯乎是茶的人生。”

苏轼的咏茶作品以诗为多，随着人生的成长和际遇的不同，字里行间透露的人生况味亦不尽相同。

苏轼较早谈到茶的诗是《虾蟆培》，诗中没有描述采茶、制茶或烹茶等工艺，只是赞美蛤蟆背的水，最后两句才言：“岂惟煮茶好，酿酒应无敌。”从诗中可以看出，当时的苏轼虽已懂茶艺，但茶仅仅是生活的调味品，并没有在他的精神生活中留下太浓重的印记。事实上，当时的苏轼虽已名震京城，但尚未入仕，并没有接触官场的波云诡谲和生活的动荡波折，对茶和茶文化还停留在欣赏、享受的层次，并没有付诸太多深刻的情感内蕴。

这种状态大概持续了二十年，这二十年正是苏轼春风得意、仕途生活较为坦荡的时期，虽然辗转于仕途，但每到一处，均寻山访水，啜茶品茗，在诗词中留下了许多宋朝名茶名泉的瑰丽身影，如月兔茶、双井茶，虎跑泉、惠山泉等。

在对这些名茶名泉的描绘中可以看出，茶在寄托情趣的同时，也渐渐成为苏轼生命和情感中的一部分。他在《求焦千之惠山泉诗》中，对惠山泉的描写非常唯美：“或为云汹涌，或作线断续。或鸣空洞中，杂佩间琴筑。或流苍石缝，宛转龙鸾蹙。”在着力描绘的同时，苏轼也在泉水中寄托了自己高雅的情致：“精品厌凡泉，愿子致一斛”，这里的“精品”，正是此诗中“赤泥开方印，紫饼截圆玉”所指的酒与茶饼。

苏轼在《惠山谒钱道人烹小龙团登绝顶望太湖》一诗中有言：“独携天上小团月，来试人间第二泉。”他认为人间珍品的龙团茶只有与惠山这样的名泉之水相配，才能显出真正的茶味，也借此表达自己本性高洁，不愿同流合污的志向。

以“乌台诗案”为分界点，苏轼的人生走向坎坷不平的状态，他的咏茶诗开始涌出完全不同的、意味深长的滋味，茶与他的人生感悟结合得更加紧密。他的《汲江煎茶》这样写道：

活水还须活火烹，自临钓石取深清。

大瓢贮月归春瓮，小杓分江入夜瓶。

雪乳已翻煎处脚，松风忽作泻时声。

枯肠未易禁三碗，坐听荒城长短更。

这首诗作于苏轼晚年贬谪海南期间，当时他的生活相当困苦，连安身之所都需要亲自动手搭建。于是有人根据这个背景，从诗中读出了清苦、寂寞甚至无聊，对苏轼的遭遇给予深深的同情。实际上这是误读了苏轼，也小觑了苏轼旷达的人生态度。

可以想象这样的画面：家徒四壁的清苦生活，并没有折损苏轼对生活的热爱，即便没有好茶，但是茶艺仍然不可丢却。于是，在静静的月夜，苏轼独自去野外汲水，明月映在瓢中，仿佛将明月也汲了回来。回来烹好茶，茶水如雪乳一般。静夜中斟茶时发出的声响，苏轼把他想象成屋外的松涛之声。多饮几盏茶，也就能多听几声长长短短、苍凉悠远的更声。

困厄环境下的这个画面，描绘出苏轼随遇而安、淡定豁达的人生境界。茶在此时，是苏轼心灵的慰藉和精神的依托，没有他那样的人生遭遇和历练，也就不会有他对茶那样深刻的感悟。

宋朝咏茶的文人，不得不提的除了苏轼，还有陆游。陆游曾自比是茶圣陆羽的转世，并且一生写下三百多首咏茶诗，可见他对茶的热爱有多么浓烈。

陆游生活的时代，和苏轼是完全不同的。南宋偏安江南，外患严重，因此陆游的咏茶诗，除了有不少赞美茶的清美，体味人生境界之外，更增添了入世报国的襟怀志向。

钱钟书先生评价陆游：“爱国情绪饱和在陆游的整个生命里，洋溢在他的全部作品里；他看到一幅画马，碰见几朵鲜花，听了一声雁唳，喝几杯酒，写几行草书，都会惹起报国仇、雪国耻的心事，血液沸腾起来，而且这股热潮冲出了他的白天清醒生活的边界，还泛滥到他的梦境里去。”

陆游的茶诗中这样的情怀屡屡被他述诸笔端。他的《七月十日到故山削瓜瀹茗翛然自适》是这样的：

镜湖清绝胜吴松，家占湖山第一峰。

瓜冷霜刀开碧玉，茶香铜碾破苍龙。

壮心自笑老犹在，狂态极知人不容。

击壤穷阎歌帝力，未妨尧舜亦亲逢。

诗的前半首，记述的是对着家乡美景吃瓜品茗的悠然，后半首陡然转入报国无门的郁闷，意为自己并不满足于碌碌无为的悠闲生活，虽然自己老当益壮的狂态不为人所容，但还是渴望遇到像尧舜那样的明君，实现毕生的抱负，字里行间流露出对南宋偏安局面的不满和救民于水火的使命感。

在陆游的《效蜀人煎茶戏作长句》写道：

午枕初回梦蝶床，红丝小磑破旗枪。

正须山石龙头鼎，一试风炉蟹眼汤。

岩电已能开倦眼，春雷不许殷枯肠。

饭囊酒瓮纷纷是，谁赏蒙山紫笋香？

这首诗名为戏作，其实表达了愤慨。诗的前半部分直写烹茶之事，后半部分先写茶带来的效果，再借茶抒怀。诗尾的“饭囊酒瓮”则毫无避讳地谴责朝廷的用人不当，而“谁赏蒙山紫笋香”则是以茶自喻，感叹自己或像自己一样的志士虽有才华却不被朝廷重用，只能隐忍无为。

陆游的茶诗，能从茶的清美处撇开，直抒胸臆，表达对当时社会的批判和自己报国无门的不甘，烙下了深刻并且独特的陆游的印记。还比如，他在《西窗》中写道：“姜宜山茗留闲啜，豉下湖蓴喜共烹。酒炙朱门非我事，诸君小住听松声。”更是是生冷地嘲弄了趋炎附势、奢侈铺张之辈，表达了自己如茶一般洁身自好的人格追求。

后人从苏轼和陆游的咏茶作品中，能够对宋朝茶文化在文学上的表现窥见一斑。他们是宋朝文人最杰出的代表，借助茶事、茶艺，表达对复杂人生、不平遭遇的思考，对理想人格、家国情怀的追求贯穿他们人生的始终。正因为这样，他们的作品在千年之后，依然在中国文学的殿堂享有极高的地位，为后人留下众多璀璨瑰丽的篇章。

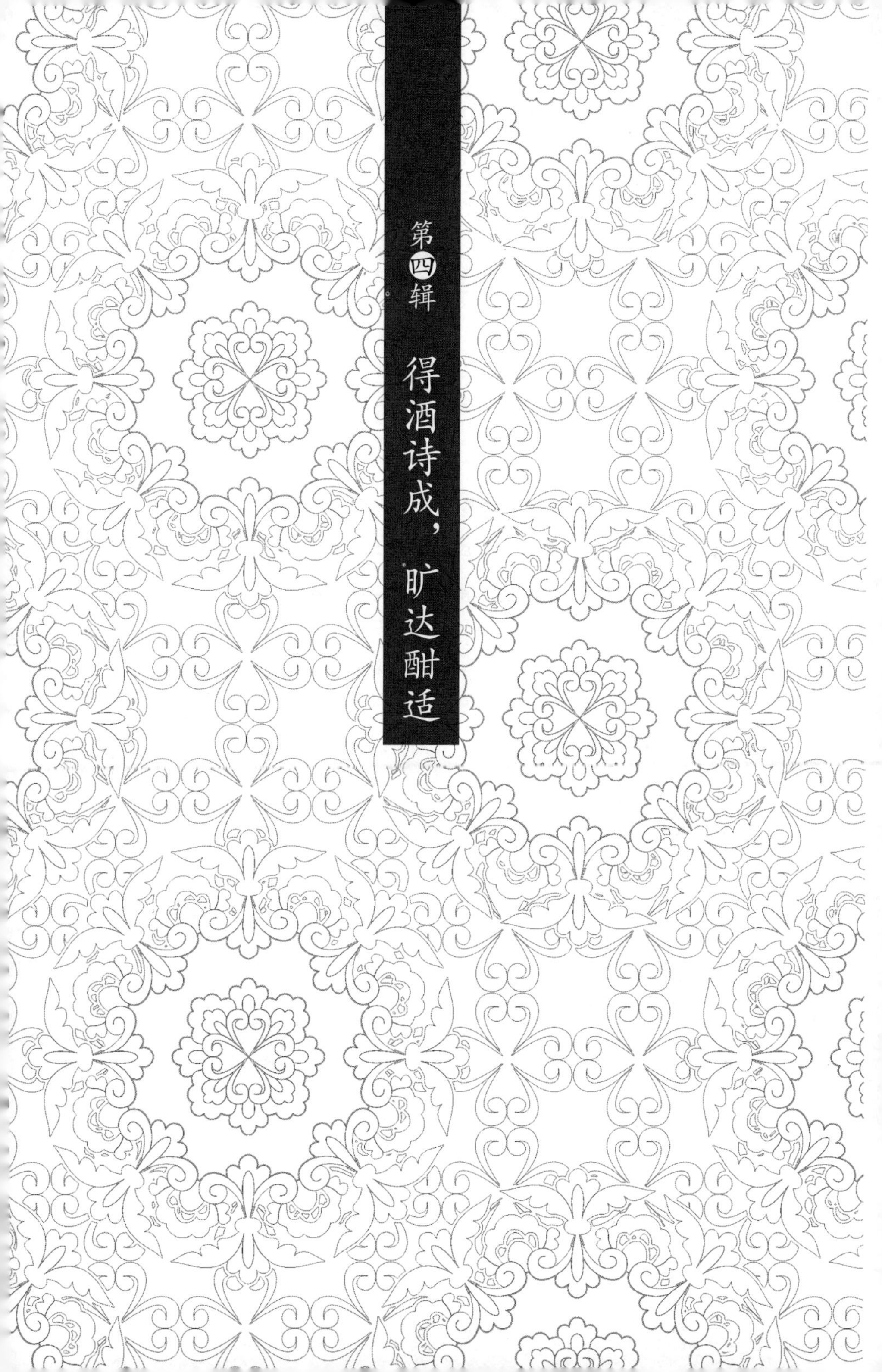

第四辑

得酒诗成，旷达酣适

酿酒工艺的突破，酤售生意的兴隆，可以使酒成为文人墨客的心头好，也可以使酒成为布衣黔首的日常饮。得酒诗成，与烟火微醺，如此自然地相守在同一个时代。

新醅已熟的瓮底
——酿酒业

自号“醉翁”的欧阳修，其实酒量不大，但是他留下的千古名句，在文学上的分量却很大：“醉翁之意不在酒，在乎山水之间也。山水之乐，得之心而寓之酒也。”

像欧阳修这样嗜酒，又深谙酒之魅力的文人，在宋朝比比皆是。实际上，酒在宋朝已经不是贵族豪门、士大夫的专享，它已经走入寻常百姓之家，成为生活中的常规项目。比如，王安石就说：“村落家家有浊醪，青旗招客解衹裯。”显然，这与宋朝繁盛的酿酒业有着直接的关联，而酿酒又与当时的粮食生产是密不可分的。

中国自古以来就是以农耕经济为主体的国家，北方以黄河流域为中心的农耕经济圈，自汉晋以降，重心逐步向南方肥沃的长江流域迁移，自此，南北耕作制度的交流融合也逐渐深入。

在北方地区广泛种植的小麦，到了宋朝在长江以南普及开来。“刈麦种禾，一岁两熟”，稻、麦复种已成为当时南方新的耕作模式。宋朝两浙路的粮食产量占了全国很大的比例，因此当时有俗语

“苏湖熟，天下足”，可见其粮食生产能力的巨大。

与此同时，水稻种植也逐步向北推广。粮食种植规模空前，粮食产量增长，保证了酿酒原料的充足供应，酿酒业的兴旺也就水到渠成。供给酿酒的粮食，甚至一度达到粮食总产量的三分之一，甚至还不够用，从源头证明了宋朝酿酒业规模的盛大。

较前代而言，宋朝的酒类生产达到了一个更高的层面，酿酒业采用了比前代更为完善的酿造工艺，因而宋朝的成品酒一般具有较高的品质。

酿酒工艺的进步，突出体现在酒曲的制作上。宋朝的制曲法比前代有两点明显改进：一是所用原料如小麦、糯米等，大部分已不再先行蒸炒，而是磨碎为粉，这就节省了人工和成本；二是有了下种的技术，把老曲抹涂在生曲团上，加速造曲过程。由于老曲糖化能力较强，杂菌较少，培养出的新曲更适宜用来酿酒。

红曲的发明，是宋朝酿酒业发展的一个里程碑。在发酵过程中，“红米霉”感染产生红曲，而“红米霉”繁殖缓慢，很容易被其他繁殖迅速的菌类压倒，普通制曲的时候，“红米霉”繁殖的机会较少。因此，红曲的制造需要经过长期耐心观察、实践和高超的技术才能达到。而在宋朝，酒匠凭借肉眼的观察，就能对红曲加以培殖和利用，这实在是匠心所至，造化所赐。

酒曲的改进，对于发酵的作用是决定性的，发酵更为充分，酒的甜度降低，酒精度增高，酒液变清，所以宋朝酿出的优质酒已经完成了从米酒向黄酒的过渡。

“瓮底新醅应已熟”，说的是酒醪已经完成发酵过程。我国的发酵酒自古就有浊、清之分。从外观上看，浊酒浑浊，味甜而酒精度低。尽管宋朝酿酒技术普遍提高，但在广大农村和边远地区，人们仍广泛酿制和饮用王安石诗中提到的“浊醪”，也就是米酒。

过滤未尽的浊酒，酒液上往往飘浮着许多米滓，宋朝的文人们形象地称它们为“蚁”，比如杨亿的诗句“酒面浮轻蚁”，苏辙的诗句“香醪溜白蚁”等，都是指的这种外观现象。

黄酒属于清酒，是指酿造时用酒曲较多、投料比较精细、发酵期较长的米酒。这种酒成熟后酒液清澈，过滤比较容易，在外观上给人以“清”的感觉。在宋朝的城市中，清酒的出产量相对较高，人们通常把清酒当作优质酒来饮用。

辨别酒之优劣，除通过酒色观察之外，还必须经过口味鉴别，酒味是判断酒类产品的最重要的标准。在酿酒技术尚存在一定缺陷的宋朝，如果酒液未能正常发酵，或者灭菌技术不过关，都能导致酒体酸败，因此，当时的人们说酒酸时，就表示这种酒的酿造出了问题。这种问题大多发生在酿造工艺比较粗糙的乡村，好在宋朝人对村酒的要求不高，只要不出现酸味就算不错了，就像王质的诗中所言：“处处山都好，家家酒不酸。”

除了以粮食为原料酿造的酒，宋朝的市场上的果酒和配制酒也是常见之物。果酒用糖分高的水果为原料发酵酿制而成，比如葡萄酒、黄柑酒、梨酒、石榴酒等。配制酒，最通常的是在酒中加入植物、名贵中药，通过浸泡、复蒸等方法加工而成，比如菊花酒、菖蒲酒、屠苏酒、茱萸酒等。

至于现代意义的白酒，属于蒸馏酒范畴，而宋朝有无蒸馏酒的技术，尚无明确的史料可以证明。但也有人认为，蒸馏酒在宋朝已经初露端倪，宋人笔记中出现的如“烧酒”“露”等应该就是白酒的代称。

酒的品类齐全，说明市场的需求旺盛，宋朝官府征收的酒税也就水涨船高，成为国家一项重要的经济收入。见于史载的是，宋仁宗庆历五年的酒税比宋真宗景德年间增长了三四倍，由428万贯增长到1 710万贯。到了宋神宗熙宁十年，全国的酒税额已达1 370万贯，而同年的商税额只有1 170万贯。

宋朝官府对酒业施行专利榷酤之法，禁止私酿私卖，对于违反私禁者，会处以严酷的刑罚，比如其中一条：持私酒入京城五十里、西京和其他州城二十里者，酒达到五斗重，即会被处以极刑。

官府垄断了酒的生产，州城百姓只能酤买“官酒”，官营酒业靠着垄断地位获取巨额的利润。宋朝官员日常饮用皆以官酒为主，按规定每月可领取一定数量的官酒，这在当时算是一种福利。当然，官酒主要是以外售赢利为主要目的，陆游诗云：“官垆卖酒倾千斛”“桥边灯火卖官醅”，描写的都是官酒倾销于市场的情况。

同时，官府完全控制了酿酒的重要一环——酒曲的生产。远离州城的偏远乡村，实行官方卖曲的做法，由百姓自行酿酒。当然卖给乡村的酒曲价格由官府规定，利润还是被官府纳入囊中。朝廷为了避免乡村的酒扩散到州城，制定了一系列严厉的法规，州城和乡村之间互不侵犯，并且，即使官酒在不同的区域也采取类似方法。这不仅排除了私酒与官酒之间，也避免了官酒之间的利益争夺，对于官府来说可谓一举两得。

出自宫廷的珍酿
——御酒

陆游《老学庵笔记》记载："禁中供御酒名蔷薇露，赐大臣酒谓之流香酒。"由这个记载可以判断，"蔷薇露"酒专供皇室饮用，外人是很难品尝到的。"流香酒"则是皇帝用于赏赐臣下的，能够品尝者肯定就相对多一些。林希逸曾在朝廷供职，饮用过流香酒，后来出任外职，仍念念不忘，写诗道："襆被当年去省房，村沽空忆御流香。花城不靳分新酿，应笑三升恋帝香。"

出自宫廷的御酒如此美妙。想来也是当然，宋朝最先进的酿酒工艺，最优质的酿酒工匠，难道不首先应该出现在宫廷里吗？不如此，怎么会生产出当时最高品质的御酒呢？换一种说法，那就是御酒代表了宋朝最先进的酿酒工艺。

宋朝宫廷中设有管理膳食的机构光禄寺，它的下级机构内酒坊负责宫廷用酒的酿造。随着国力的增强，御酒的产量也呈现激增的状态。比如宋初内酒坊酿酒所用糯米只有 800 石，真宗时增为 3 000 石，仁宗时更猛增到 80 000 石。

宋朝的皇帝常常赐御酒给臣子，黄庭坚曾有幸得到光禄寺内酒坊生产的酒，他写诗描写感受："翰林来馈光禄酒，两家水鉴共寒光。"可见当时能够享用宫廷用酒是十分荣耀的事情，并非轻而易举。通常情况下，朝廷举办宴会时，有资格入席者都能品尝到宫廷御酒。

宫中还经常配置滋补酒，如"鹿胎酒"，宋仁宗对此非常喜欢，除了酒宴用外，还经常赐予众臣。此酒香味极浓，滋补力很强。

宋真宗倾心道术，闲暇时喜欢琢磨药酒。一天，他将自己试用很得意的一味药酒赐给了宰相王旦，嘱咐其空腹饮用，以和气血、辟外邪。王旦回家按皇帝的嘱咐服用后，大觉安健。在便殿入对时，面谢皇恩。宋真宗得意地说："此苏合香酒也。每一斗酒以苏合香丸一两同煮，极能调五脏、却腹中诸疾。朕每冒寒夙兴，则饮一杯。"宋真宗又拿出自己的存货，赐予每位近臣一小坛。此后大臣们在家中纷纷效法，制作这种药酒。

宋朝皇室每年都会举行多种名目、大大小小的酒宴，正如欧阳修所言"岁时赐宴多矣"。王安石很喜欢宫廷宴席里的酒："何处难忘酒？君臣会合时。深堂拱尧舜，密席坐皋夔。和气袭万物，欢声连四夷。此时无一盏，真负鹿鸣诗。"

皇帝的寿辰，是必定要举行盛大的宫廷宴会的。朝廷根据皇帝的生辰制定"圣节"，也称"天节"，如宋太祖有"长春节"，宋太宗有"寿宁节"，宋真宗有"承天节"等。皇帝寿日，举国同庆，文武百官依次向皇帝祝寿，进献寿酒。酒宴规模较大，外国使节也应邀参加。这种寿宴，都是将饮酒和娱乐结合在一起，一场酒宴实际上包含了一台戏，有歌舞、杂剧、杂技和体育表演等，同时还作寿词交与歌妓演唱，场面的喧腾自不待言。

宋朝皇帝在国家吉庆大典或大赦、改元之时，遇丰年或朝廷有喜事时，会举办赐酺[③]活动。酺，即聚饮之意，所需酒食都由朝廷提供，或一日三日，或五日七日不等，表示皇帝的恩赐，故称“赐酺”。正如宋太宗在一道诏书中所说：“王者赐酺推恩，与众共乐，所以表升平之盛事，契亿兆之欢心。”举办这样的活动的目的，就是昭示太平盛世以及皇帝的恩德。宋太宗于雍熙元年首次赐酺，地点设在都亭驿、外苑、亲王宫、宰相府，主要招待皇室和官僚，其次为京畿父老。在饮宴中，文娱活动也占有突出地位，并允许市民观看，具有一定程度的群众娱乐性。

内宴是皇帝在皇宫内为大臣设下的小型酒宴。宋朝的高级文官经常能够在皇宫中过酒瘾。即使非盛大节日，也常举行酒会。酒会并不隆重，都是日常吃食，主要是饮酒为欢。大臣也不必战战兢兢，只管多喝，喝得烂醉也无妨。

宋太祖赵匡胤经常在皇宫的后苑与后周时期的朋友王审琦、石守信等人饮酒。王审琦素来不饮酒，对酒毫无兴趣。皇帝赵匡胤叹道：“酒者天之美禄，可惜不能饮之。”然后祝愿道：“天必赐卿酒量，试饮之。”对于皇帝劝的酒，大臣是不能拒绝的，王审琦鼓足勇气，连饮十几爵。宋太祖大喜，以为祝词灵验，以后每次宴饮必让王审琦喝个痛快。

宋太宗常召大臣来宫中参加酒会，饮酒时不必拘于礼法，也不限量。翰林学士苏易简最不逊让，喝得非常痛快，宋太宗经常单独召他来宫中举杯论醉。苏易简与皇帝一对一地饮酒也毫不拘谨，完全不必皇帝劝酒，一杯接一杯。一日，宋太宗与他对酌甚欢，随口出了一个上联：“君臣千载遇。”苏易简应声对道：“忠孝一生心。”

---

③ 酺（pú）：欢聚饮酒

宋太宗欣喜，将席上的御用金酒器尽数赐给了他。

宋真宗的酒量在中国历代皇帝中名列前茅，饮酒至三斗时仍神色自若，若是一般人肯定已经醉眼蒙眬了。大臣中饮酒最厉害的是侍读学士李仲容，号称李万回。宋真宗自谓酒量无敌手，要和李仲容一决高下，于是召他对饮，但对饮结果史料并未说明。君臣对饮到一半时，宋真宗命令内侍拿最大的酒器来。李仲容不敢喝得太多，于是说："告官家，免巨觥。"宋真宗问："何故谓天子为官家？""官家"是宋朝宫中以及民间对皇帝的称谓。很多人只知其然，不知其所以然。李仲容回答说："三皇官天下，五帝家天下，皇帝兼三皇与五帝之德，故曰'官家'。"宋真宗闻之大喜，举杯说："真所谓君臣千载一遇也！"

宋真宗经常与群臣曲宴，宴席上气氛欢洽，谈笑无间。一次宋真宗品着宫中御酒，问大臣官外哪家酒铺最好，有人答称："南仁和。"皇帝当即命人到南仁和沽酒来，遍赐宴席。品着南仁和的酒，皇帝觉得甚好。

纵观宋朝，无论是黄袍加身建立宋朝，还是雪夜访普平定天下，以及杯酒释兵权奠定两宋三百年基业，酒在其中都扮演了重要的角色。在宫廷宴会上品尝到御用美酒，大臣们往往通过诗文记载下来，如王禹偁的诗句"登龙曾入少年场，锡宴琼林醉御觞"，王珪的诗句"御酒连倾金凿落，宫床曾赐玉蟾蜍""杯深御酒先成醉，衣拂京尘顿觉清"等。

因为御酒的醇，御酒的美，御酒的珍贵，也因为皇帝基本都表现得慷慨大方，所以宋朝的宫廷，从某种意义来说，是溢着酒香、令人回味的所在。

随处沽买的醉意
——酒楼

宋朝的话本里，有一阕词：“城中酒楼高入天，烹龙煮凤味肥鲜。公孙下马闻香醉，一饮不惜费万钱。招贵客，引高贤，楼上笙歌列管弦。百般美物珍羞味，四面栏杆彩画檐。”这阕词描写的是宋朝城市的酒楼，与其他史料记载相对比，词中对酒楼的描写其实并无太大的夸张。

与茶的清美品性相比，酒体现了一种张扬的态度。这种张扬，在宋朝也是城市生活的一大特色。

沿街堂皇重叠的高楼，是宋朝才开始有的。宋朝以前，高楼并非没有，但都是建在皇宫内府，专供市民饮酒作乐、做酒楼生意的高层建筑是不可想象的。酒楼作为一个城市繁荣的象征，到了宋朝才雨后春笋般发展起来。

东京汴梁九桥门街市一段，酒楼林立，旗幡招展，甚至遮天蔽日，盛夏之时可以站在旗幡下乘凉。有的街道还因酒楼而得名，比如“杨楼街”。

不少文人在自己的著作里，详细地记述了他们所见到的一些城市的酒楼情况。楼钥《北行日录》写到他入相州时，见到临街有一雄伟的琴楼，“观者如堵”。范成大在《吴船录》中记鄂州南市时，特别说到这里的“酒垆楼栏尤壮丽”，是外郡未见过的。

当然，酒楼数量最多、规模最大的，还是京城。两宋的汴梁和临安，出了名的酒楼至少各有七八十座，通常都有寓意吉祥的名字，比如和乐楼、遇仙楼、仁和楼、登云楼、得胜楼、庆丰楼、太和楼、日新楼等。

名头最响亮的，要属汴梁的丰乐楼。丰乐楼原先叫樊楼或白矾楼，北宋后期扩建成丰乐楼。它建筑在人口稠密的店铺民宅区，所以只能向空中发展。丰乐楼实际是一个建筑群，三楼相高，五楼相向，高低起伏，参差错落。楼与楼之间，各用飞桥栏槛，明暗相通，西楼第一层就可以俯瞰皇宫。宋朝皇宫素以高大闻名于世，但丰乐楼却高过它，说明宋朝的皇帝大多不错，没有与民间过不去。

京城的有些酒楼已经部分采用了宫室庙宇所专有的建筑样式，这可从酒楼门口排设的杈子看出来。杈子是用朱黑木条互穿而成，用以拦挡人马。原先只有在京城的御街御廊，官至贵品的衙门和府邸才有资格使用。

酒楼经营者，懂得装饰吸引顾客的重要，通常会在酒楼门口扎缚彩楼欢门，像供人观赏的艺术品。客人还没进酒楼，华贵的气魄就扑面而来。

私家园林风格的酒楼以环境优雅清静取胜，通常都会冠以园子之名，如中山园子正店、蛮王园子正店、邵宅园子正店、张宅园子正店、方宅园子正店、姜宅园子正店、梁宅园子正店、郭小齐园子正店、杨皇后园子正店等。

《东京梦华录》对园林风格酒楼有这样的记述："必有厅院，廊庑掩映，排列小阁子，吊窗花竹，各垂帘幕。"甚至皇家艮岳园林中，也建设了高阳酒楼。

优美的园林环境，周到细腻的服务，让人心旷神怡、流连忘返。不必说普通的市民，就连高级官员，也偷偷换上便服跑到这里享受一番。

宋朝酒楼极具魅力的一个方面，便是无可挑剔的服务。有点档次的酒楼门前，往往站着两个伙计，他们"头戴方顶样头巾，身穿紫衫，脚下丝鞋净袜"，对客人彬彬有礼，往酒楼里相让。客人原本未必要进取，可见他们拱手齐胸、俯首躬腰的殷勤模样，也就欣然而入。

客人一落座，羹汤、果子、细菜、主食可以随意点用。服务人员的记性仿佛经过特意训练，一个人记几十种甚至上百种菜也不会出岔子。斟酒换汤上菜，也绝不要客人催促，高档酒楼的服务人员就是有这样的专业能力。

酒楼有"赶趁"的人，就是在客人宴饮时说唱助兴的人。他们不是酒楼的雇员，但是酒楼对他们也不挑剔，只要会唱个曲儿，能逗个乐，就予接纳，让他们在酒楼谋生。这其实促进了酒楼的生意，可谓双赢。

酒楼开得多，竞争也就厉害，经营者便各出奇招。有间孙家酒店，老板原先曾在酒楼打工，后来自立门户。他在酒店壁间装饰图画，几案上陈列书史，还弄些智力游戏类的玩具，结果吸引了市民络绎不绝地前来。发财以后，他就建起了酒楼，渐渐在东京有了名气。

酒楼招揽客人，采用了雅俗共赏的文化娱乐。有些酒楼之所以欢声笑语、通宵达旦地营业，就是因为酒楼经营者调动了娱乐的手段，吹拉弹唱样样都有。

除了酒楼吸引人的环境，值得关注的是酒楼所用的酒具、餐具，这也是一家酒楼规格档次的体现。高档酒楼内，即便只有两人对饮，也会有一副注碗，两副盘盏，果菜碟各五片，水菜碗三五只，都是光芒闪闪的银制器皿，一桌银酒器价值大约在一百多两银子。更有官办酒楼供饮客用的价值千余两银子的金银酒器，也并不鲜见。

衡量酒楼的标准，名酒是第一位的。宋朝高级的酒楼都有风味独特的美酒。汴梁丰乐楼常备的名酒有眉寿、和旨，忻乐楼有仙醪，和乐楼有琼浆，遇仙楼有玉液，王楼有玉酝……名店有名酒，名酒衬名店，这也是品牌联动效应。

临安的名酒则更多，如玉练槌、思堂春、皇都春、中和堂、珍珠泉、有美堂、雪腴、太常、和酒、夹和、步司小槽、宣赐碧香等。

奢华的大酒楼，通常是富贵之人的享乐之所，普通百姓恐怕是很难有机会登堂入室。不过，数量众多的中小型酒肆却是大众化的场所，其店铺规模显然不如酒楼大，但对普通市民而言，这些遍布大街小巷、不可计数的酒肆更能满足其日常生活需求。

酒楼酒肆是酒文化的物质载体，宋朝酒文化的普及，使得家家户户把饮酒当作家常之事。大众对酒充满好感，于是有些善饮者被当做饮酒大师为人们所津津乐道，事迹流传于民间。

北宋初年的党进，官职相当于骑兵总司令，每顿能喝一斗酒。

宰相薛居正，据说慢悠悠地喝，几斗酒下肚，神志还是清醒的。

被宋太宗誉为“智勇无双”的曹翰，几斗酒也不在话下。

《梦溪笔谈》里记述，以诗酒豪放自诩的石延年和另一位超级饮家刘潜在船上喝酒，从白天喝到半夜，酒快喝完了，暂时又不能上岸买酒，于是把醋坛子打开，把一斗醋掺进酒坛继续喝，第二天一早，酒醋都全喝完了。有位张道安，因为趣味相投，也加入俩人的战团。经常出现的场面是，三个人斗酒已经不以盏计数，而是论天数。

在宋朝，豪饮固然令人羡慕，但酒文化更多的体现不是拼酒，而是品酒，在最低程度上，它是大众生活怡然自乐的一个写照。

平生入梦的醉乡
——酒与文人

酒催诗文成。在酒的作用下，人的大脑皮层兴奋，情绪和思维进入高度活跃的状态，文人在这种状态下，往往灵感丛生，出口成章，妙笔生花。

苏轼相当认同酒能激发灵感，他有诗道："俯仰各有态，得酒诗自成。"更是把前人"文章本天成，妙手偶得之"的句子演化成自己的理解："文章本天成，饮酒自得文"。

酒和文人的关系，似乎是相因相生、相辅相成的一对老友。酒催发文人写作的灵感，文人在字里行间又用赞誉有加的方式回报酒。这种关系反映在宋朝，就是当时的文学大家往往同时又是酒文化史上的名人，如苏轼、欧阳修、辛弃疾等，他们在文学创作的过程中都与酒结下了不解之缘，从饮酒哲学、风尚、酒道精髓等方面深刻影响后世的文人和文学，在酒文化史上留下了诸多宝贵的精神遗产。

苏轼，堪称通文达艺的文化巨匠，在诗词、散文及书法、绘画领域都有很高的造诣。他旷达无比的胸襟、随遇而安的人生态度更是被后世文人视为典范而极力推崇。

苏轼出生于一个饮酒世家，祖父、父亲均嗜酒，他也从小养成饮酒的习惯。苏轼曾对人说，自己每天都要饮酒为乐。虽然好酒，但苏轼的酒量并不大，自述不超过五杯。他深识酒的妙处，但也不提倡魏晋、唐朝时濡首腐胁、颠倒狂迷的饮酒风尚。

苏轼同样喜欢欣赏别人饮酒，看到别人举起酒杯，慢慢地喝，心胸就广阔无比，似乎也体会到酣畅的滋味，这种滋味甚至比他本人饮酒还强烈。

苏轼一生大多在地方宦游，足迹遍及大半个中国，正如他自言“身行万里半天下”那样。每到一地，他都要去品尝当地的特色酒，品酒之余，常常乘兴赋诗作文纪念。现留有一百多首与酒文化相关的诗词，在其诗词中提到的各地名酒达五六十种之多。

羔儿酒，又称羊羔酒，宋朝名酒，是用糯米和肥嫩羊肉加酒曲酿制而成，酒色白莹，饶有风味，并且有补元气、健脾胃和益腰肾之功效。苏轼品尝羔儿酒后，在《二月三日点灯会客》一诗中记录下来：“试开云梦羔儿酒。”

碧香酒，北宋风行的名酒，酿酒时加入碧桃花瓣而成，色浅黄，香淡而清。杭州、宁波等地是此酒的著名产地。元丰八年，苏东坡途经密州，品尝到了驸马王晋卿家所酿的碧香酒，又将酒送与州学教授赵明叔，并赋诗记之：“碧香近出帝子家，鹅儿破壳酥流盎。不学刘伶独自饮，一壶往助齐眉饷。”

竹叶酒，唐宋时极为流行此酒，苏东坡多次品尝过，诗文中有“腊果缀梅枝，春杯浮竹叶”之句；另有《竹叶酒》诗曰：“楚人汲汉水，酿酒古宜城。春风吹酒熟，犹似汉江清。耆旧何人在，丘坟应已平。惟余竹叶在，留此千古情。”

黄柑酒，始创于北宋，用黄柑酿制而成，出产于苏州太湖洞庭山，故又名洞庭春色。苏轼对黄柑酒十分偏爱，在《洞庭春色》中用“今年洞庭春，玉色疑非酒”“瓶开香浮座，盏凸光照牖”的句子来赞美黄柑酒。

苏轼在各地为官时，对各地酒文化也有较深的研究，写有《东坡酒经》，总结其所处时代以前的酿酒经验，成为古代酿酒的重要文献之一。他每到一地，喜欢向友人索求酿酒配方，仿酿名酒，亲自实践酿酒之乐。根据苏轼的诗文所记，他晚年曾亲手酿造过东坡蜜酒、真一酒、桂花酒、万家春、罗浮春等十余种名酒。如真一酒，是他在岭南酿制的家酒，他夸赞此酒“酿为真一和而庄，三杯俨如侍君王。湛然寂照非楚狂，终身不入无功乡”；又如天门冬酒，乃苏轼谪居海南时自酿，他作诗云：“自拨床头一瓮云，幽人先已醉浓芬。天门冬熟新年喜，曲米春香并舍闻”，又云：“天门冬酒酽又香，三杯已足润枯肠。”

欧阳修以“醉翁”最为人熟知，可见他和酒也有脱不开的关系。欧阳修四岁丧父，寡母教他读书学习。家境贫寒，没有钱买学习用品，母亲就在地上用芦苇教他写字。二十岁后，他在宋仁宗天圣八年（1030年）考取进士第一名，后累官翰林学士、枢密副使、参知政事。

欧阳修为人正直敢言，针对当时的政治弊端，他发出改革呼声，积极支持范仲淹的“庆历新政”。庆历三年（1043年），有志于改革的宋仁宗，任用一些天下名士担任谏官，欧阳修就属于其中之一。通过自己的影响力，欧阳修在文学方面大力提倡文学革新运动，主张文章切合实用，重视内容，反对浮靡，成为北宋诗文革新的领袖。他的散文成就很高，风格平易流畅，长于以情动人。

“庆历新政”失败后，欧阳修几次受到株连，屡受政敌打击被贬官。他的散文名篇《醉翁亭记》描写的是自己政治上失意，任滁州知州时，政简年丰、与民同乐，放情于山水之间，觥筹交错、纵情游宴的情景。

因为喜爱与好友饮酒而又量少易醉，欧阳修自号“醉翁”，他将对酒的深刻理解述诸文字：“醉翁之意不在酒，在乎山水之间也。山水之乐，得之心而寓之酒也。”《醉翁亭记》全文几乎全用“也”字收束句尾，一“也”到底，颇有饮酒至酣畅之时的淋漓之风。无酒，便没有这篇千古绝唱；无酒，便无法藏纳心中的山水之乐。天有乐地有乐，山有乐水有乐，官有乐民有乐，皆因为有酒。此情此景，可以看出酒在欧阳修的胸襟中，有着多么广阔的含义。

欧阳修与友人泛舟西湖之上，曾写得一首《采桑子》词：“画船载酒西湖好，急管繁弦，玉盏催传，稳泛平波任醉眠。行云却在行舟下，空水澄鲜，俯仰留连，疑是湖中别有天。”

彩绘的游船载着美酒，正和西湖的美景相映成趣。听着急管繁弦演奏的音乐，朋友之间行令饮酒，互相催促。此刻一醉方休丝毫不必担心，在波平如镜的湖面上，任船漂游，任人醉眠。船在水上游，云影在船下走，天空和湖水一样清澈明净，在俯仰流连间，在醉眼蒙眬中，甚至分不清哪个是天，哪个是水。欧阳修又一次把酒和大自然紧紧联系在一起。

欧阳修任扬州太守时，每年夏天，他都携客到平山堂中，派人采来荷花，插到盆中，叫歌姬取荷花相传，传到谁，谁就摘掉一片花瓣，摘到最后一片时，就饮酒一杯。这样欢宴畅饮，直到深夜而归。

晚年的欧阳修，自称有藏书一万卷，琴一张，棋一盘，酒一壶，陶醉其间，怡然自乐。由此可以看出，酒在欧阳修的精神世界有着多么重要的地位。

辛弃疾，是苏轼豪放派词风的继承者，并有所发展，酒在他的生活和作品中，有着和苏轼、欧阳修不完全相同的意味。

辛弃疾生活的年代，北方的金国和南宋既不断开战，又时时议和。与此相联系，南宋朝廷内部，主战派和主和派两种势力此消彼长，此长彼消。辛弃疾就是生活在这样一个动荡不安的时代里。

辛弃疾留下的词作，有六百二十多首，数量之多，质量之优，雄冠两宋。因此有人评价：嫁轩者，人中之杰，词中之龙。苏东坡和辛弃疾并称“苏辛”，有人比较他们说，论魄力之大，苏不如辛；论气体之高，辛不如苏。

由于辛弃疾被迫长期在乡村隐居，所以以农村生活、田园风光入词，使词作中洋溢着新鲜的生活气息，散发着沁人的泥土芳香，这是辛弃疾词作的一大特色。和其他文人一样，辛弃疾非常喜欢喝酒，而且经常酩酊大醉，他自述“一饮动连宵，一醉长三日。”

辛弃疾的酒词，有时充满幽默和生活的趣味，如“昨夜松边醉倒，问松我醉何如？只疑松动要来扶，以手推松曰去！”有时展现了视富贵如浮云的潇洒，如“富贵浮云，我评轩冕，不如杯酒。”

从总体而言，光复故土的家国情怀，是辛弃疾生活的那个时代的最强音，在辛弃疾的词作里也得到充分的表现。一首《破阵子》词，表达他梦寐以求收复大好河山的壮志：

醉里挑灯看剑，梦回吹角连营。八百里分麾下炙，五十弦翻塞外声，沙场秋点兵。

马作的卢飞快，弓如霹雳弦惊。了却君王天下事，赢得生前身后名。可怜白发生！”

借酒本可消愁，一醉万事皆休。可是辛弃疾喝醉了酒，愁也未消。他挑亮了灯，欣赏他的宝剑，思考着如何用它斩杀来犯之敌。在睡梦里，他想象出这样一个画面：

一个军营连着一个军营，响起一片号角声。八百里军营，将士们欢欣鼓舞，分享将军发给他们的烤肉。军中演奏起雄浑悲壮的军乐。此时正是秋高马肥之际，沙场点兵，不出击敌人更待何时？

战马奔驰，好似的卢马一般飞快，箭发弦动，响声如同霹雳。能够替君主完成了统一天下的大业，赢得生前死后都能彰显的功名，这是多么激动人心的事情。

当辛弃疾从梦中醒来，想到自己已然白发丛生，不能报效朝廷，壮志未酬，心中的不甘和愤懑便一起迸发。

在投降派把持朝政的时代，辛弃疾报国无门，只能感叹冷酷的现实。他四十岁刚出头，就被排挤出官场，在家闲居，满腹的救国抱负不能实。正人君子受打击，狗苟蝇营的小人却气焰嚣张，心中积愤也只能靠酒来抒发。

苏轼、欧阳修、辛弃疾，他们身上都有着典型的士大夫气质，视天下事为己任是他们的共性，不同的遭遇中，他们的个性表现也不尽相同。他们和酒的关系，是宋朝文人和酒的关系的典范，他们告诉世人：亲近酒，爱酒，最理想的状态与酒量无关，与在何时何地无关，酒不是沉溺之物，而是抒发胸臆的路径。酒里有情感，有关怀，有志向，有理想，有格局，有天地，怎么对待酒，就有怎样的胸怀和人格。

流入肺腑的琼浆
——酒与文学

酒以物质形态的身份，与人的精神世界相连接，带给人或好或坏的影响，饮酒识人验证的正是这个道理。宋朝酒文化中的一些人文思想充分地体现在同时代的许多咏酒作品中，文人士子阶层在酒的作用轮番咏叹，其中的优秀作品可谓精彩纷呈，难以胜数。做一个大致的总结，宋朝咏酒文学的主题，主要集中在情趣、情思和情怀三个方面。

花前月下与友人一起品酒，是宋朝文人认为极有情趣的事情。

饮酒无花，兴味索然；赏花无酒，也非韵事。北宋孔平仲在《孔氏谈苑》记载，做过宰相的陈尧佐退居郑圃，特别喜欢吟诗作赋。张士逊做西京洛阳通判时，把洛阳牡丹和酒一起送给陈尧佐，陈尧佐兴之所至，用诗来表达他的惊喜和感谢：“有花无酒头慵举，有酒无花眼倦开。正向西窗念萧索，洛阳花酒一时来。”其中“洛阳花酒一时来”一句，让赏花饮酒的雅兴和即兴成诗的雅怀一起传播了出去，士林中无不称其韵致。

翰林学士范镇，在自己居处设有“长啸堂”，可容纳几十人，堂前设有荼蘼花架。每当春天繁花盛开之时，他总要在这里宴请文友，并相约“有飞花堕酒中者，为余浮一大白”，也就是喝一大杯酒。主客正在谈笑之际，忽然微风拂过，满座的酒杯都落满了花瓣，于是大家一同干杯，“吞花饮酒”，宴会进入高潮。大家建议，将这场筵席美称为“飞英会”。此事一经传开，四方之人无不叹为美谈。

《武林旧事》记载，宋孝宗有一天游西湖，在断桥附近的一家小酒肆看到一首词：“一春长费买花钱，日日醉花边。玉骢惯识西湖路，骄嘶过、沽酒楼前。红杏香中箫鼓，绿杨影里秋千。暖风十里丽人天，花厌髻云偏。画船载取春归去，馀情寄、湖水湖烟。明月重扶残醉，来寻陌上花钿。”这阕词中，花事和酒事相映成趣，有一种超凡脱俗的韵味，宋孝宗看罢连连称赏，问是何人所作，才知道是太学生俞国宝醉笔。

酒和月一起造就的浓厚氛围，最出名的应算苏轼的“明月几时有？把酒问青天。”苏轼把酒问月，在文人的情趣之外，更表现了他作为政治家在出世与入世、进退与仕隐上的思索，他想脱俗超尘，然而入世还是战胜了出世，成为把酒问天后的最佳答案。

诗人杨万里也有一首著名的把酒问月诗：“老夫渴急月更急，酒落杯中月先入。领取青天并入来，和月和天都蘸湿。天既爱酒自古传，月不解饮真浪言。举杯将月一口吞，举头见月犹在天。老夫大笑问客道，月是一团还两团？酒入诗肠风火发，月入诗肠冰雪泼。一杯未尽诗已成，诵诗向天天亦惊。焉知万古一骸骨，酌酒更吞一团月！”这首诗将青天、明月拟人化，诗人酒酣之际，问客人映在杯中的月和天上的月究竟算一个还是两个，读来能想象他那一刻的憨态可掬，实在是趣味横生。

宋朝咏酒文学作品中的情思主题，相当多地体现在伤春悲秋、挥洒离愁别绪上。

李清照《如梦令》词云："昨夜雨疏风骤，浓睡不消残酒。试问卷帘人，却道海棠依旧。知否？知否？应是绿肥红瘦"，抒发了她在暮春时节的感伤情绪。另一首《忆秦娥·咏桐》有"断香残酒情怀恶，西风催衬梧桐落。梧桐落，又还秋色，又还寂寞"，描绘出了她在西风紧黄叶飞、萧索冷落的秋日，触景生情，独自一人喝闷酒的情景。

李清照最著名的一首相思词《醉花阴》这样写道："薄雾浓云愁永昼，瑞脑消金兽。佳节又重阳，玉枕纱厨，半夜凉初透。东篱把酒黄昏后，有暗香盈袖。莫道不销魂，帘卷西风，人比黄花瘦。"记叙了她在重阳佳节对酒赏菊，唤起对远方丈夫的深切思念之情。

寇准《阳关引》中云："更尽一杯酒，歌一阕。叹人生，最难欢聚易离别。"

柳永《雨霖铃》中道："多情自古伤离别，更那堪，冷落清秋节。今宵酒醒何处？杨柳岸、晓风残月。"

张孝祥《南歌子》中有："佳节重阳近，清歌午夜新。举杯相属莫辞频。后日相思，我已是行人。"

李清照《菩萨蛮》中说："故乡何处是，忘了除非醉，沉水卧时烧，香消酒未消。"

这些作者，有力主改革的一代名臣，有自诩风流的"白衣卿相"，有抗金前线的官员，有愁肠百结的才女，身份不同、地位不同、经历不同、个性迥异，但在离情别绪上却表现得惊人的一致，酒在他们的作品中，既是伤感情绪的催化剂，又是伤感情绪的承载者。

即使有着“先天下之忧而忧，后天下之乐而乐”博大胸襟和崇高品格的范仲淹，有时也会陷入这种伤感情绪之中，比如他在《苏幕遮》中感慨：“黯乡魂，追旅思。夜夜除非，好梦留人睡。明月楼高休独倚，酒入愁肠，化作相思泪。”再如他的《渔家傲》中“浊酒一杯家万里，燕然未勒归无计”，已成为表达思乡之情的千古名句。

宋朝格外尖锐的民族矛盾，以及政治上累积的弊端而导致的内忧外患，必然对敏感而细腻的文人士子产生深刻影响。因此他们的咏酒作品中，展现出的家国情怀就表现在对民族的存亡、国家的兴衰、社会的治乱的深度关注上。

陆游《三月十七日夜醉中作》写道：“谁知得酒尚能狂，脱帽向人时大叫。逆胡未灭心未平，孤剑床头铿有声。破驿梦回灯欲死，打窗风雨正三更。”这首诗，借把酒痛饮的豪迈雄浑之气，表现出陆游一贯的拳拳报国之情，洋溢着浓烈的爱国英雄主义情结。

张绍文是后人不太熟知的一位南宋词人，他虽是一介幕府文书，可是对国家民族的耿耿忠心，对朝廷无所作为的批判，对时局的担忧，都在他的《酹江月》表达了出来：“举杯呼月，问神京何在？淮山隐隐。抚剑频看勋业事，惟有孤忠挺挺。宫阙腥膻，衣冠沦没，天地凭谁整？一枰棋坏，救时著数宜紧。虽是幕府文书，玉关烽火，暂送平安信。满地干戈犹未戢，毕竟中原谁定？便欲凌空，飘然直上，拂拭山河影。倚风长啸，夜深霜露凄冷。”

刘克庄的《沁园春》这样陈述他的爱国情怀：“饮酣画鼓如雷，谁信被晨鸡轻换回。叹年光过尽，功名未立，书生老去，机会方来。使李将军，遇高皇帝，万户侯何足道哉！披衣起，但凄凉感旧，慷慨生哀。”词中表达的是建功立业的壮志和英雄迟暮、生不逢时的悲哀。

由于南宋朝廷的懦弱无为和侥幸偏安，这些文学作品在以关注民族存亡、国家兴衰和社会治乱的同时，既有慷慨激昂的斗志，又有浓厚的悲壮色彩。强烈的社会责任感和历史使命感，一旦和个人境遇结合起来，那种独特的审美特质，更加打动人心，引人共鸣。于是，它们就被口口相传，经过一代又一代而被历史所铭记。即使在今天的和平环境中，认真吟诵这些寓壮志情怀于酒于文字的作品，仍然如饮陈酿，时而让人血脉偾张，时而让人热泪盈眶。

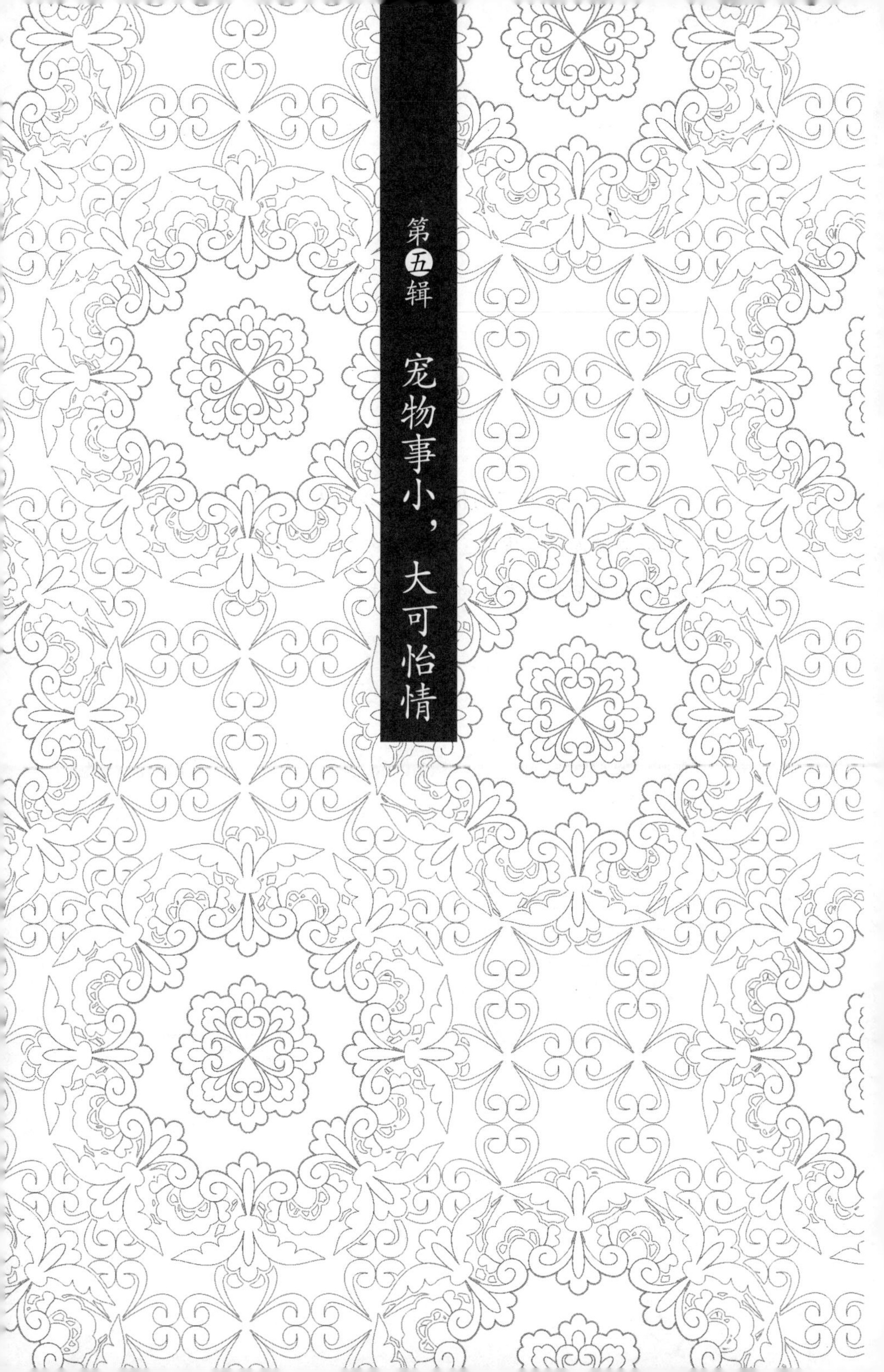

第五辑

宠物事小，大可怡情

宋朝人与宠物结下的情感，与现代人并无二致。“梅妻鹤子”的故事就发生在宋朝，现代人可以借着这个故事，去了解宋朝人在饲养宠物上充盈的文化意味。

尽忠职守的成员
——猫与狗

现时，提及“喵星人”“汪星人”“铲屎官”这样的词汇，人们往往会心一笑。在手机的信息流中，猫和狗的图片、视频最让人忍不住去点击，这是宠物热的侧面反映。宠物走进千家万户，尤其是在城市形成热潮，也只是近十几年的事。宠物热离不开两个先决条件，一是有点儿钱，二是有点儿闲。宠物热反映在社会生活中最积极的意义在于，人们在物质生活丰富之后，开始扩充精神生活的广度和内容。

纵观中国古代历史，在宠物热有钱有闲两个先决条件上符合程度最高的，乃是宋朝。宋朝商品经济发达，市民阶层兴起，物质层面的富裕普及到全民；另外宋朝采用比较开明的社会治理策略，人们在生活追求上并无太多桎梏，有点闲暇做自己喜爱的事比如养宠物，也就顺理成章成为普遍现象。

猫

宠物里最常见的猫，在宋朝文人的字典里有另外一个名字：狸奴。钱时《义猫行》一诗中写道："我家老狸奴，健捕无其比。"黄庭坚有诗云："养得狸奴立战功，四壁当令鼠穴空。"他们道出了养猫的实用性功能：捕鼠。

对于文人来说，天生善于捕鼠的猫实在是天赐良缘，因为可以保护他们家中大量的藏书，梅尧臣自述"自有五白猫，鼠不侵我书"便是例证。

猫行动敏捷活泼，爱洁净，喂养起来并不繁琐，还能护书，自然得到文人的喜爱和褒奖。

除了捕鼠的实用功能外，猫乖巧可爱，有灵性，通人性，作为日常生活的陪伴，可以消除孤寂，甚至在冬天还能暖床暖足，宋朝人对猫的感情自然会逐渐加深。

也许是生活在富裕的宋朝可以养尊处优，惬意的生活让有些猫甚至失去捕鼠的本能。陆游《嘲畜猫》诗中曾嗔怪他家的猫"但思鱼餍足，不顾鼠纵横"。胡仲弓也记述了家里猫的懒惰："瓶吕斗粟鼠窃尽，床上狸奴睡不知。无奈家人犹爱护，买鱼和饭养如儿。"

《夷坚志》里有一则关于猫不捕鼠的有趣故事。宋朝时，桐江有一家人养了两只猫，非常宠爱。有一天，老鼠偷瓮中的粮食吃，结果出不来了。这家人便把一只猫投入翁中，结果老鼠上蹿下跳，吱吱乱叫，但是猫却熟视无睹，无所作为，过了良久，猫自己跳了出来。家人又如此这般试了另外一只猫，最后只是把前一只猫的行为重演一遍。这件事一时传为笑谈。

相对于民间百姓看重猫的实用功能，宋朝的官员士大夫或富贾之家则讲究猫的品种。品相好、性乖巧、经过驯化的名贵品种的猫，深得他们的钟爱，猫在这些人家的主要价值就是供人赏玩。

《墨庄漫录》里记载，李德邵送给张邦基两只毛色雪白的猫，他十分喜欢，甚至省下自己吃的鱼给两只猫吃，他自嘲说“从今休叹食无鱼。”

《梦粱录》曾提到一种名贵的狮猫，毛长而黄白相间，不能捕鼠只供赏玩，达官显贵家中常常饲养。另据陆游和田汝成记载，秦桧六七岁的孙女，养过一只狮猫，有一天跑丢了。秦桧于是下令临安府寻找，其间逮捕了数百人，抓猫上百只，但都不是要找的那只。接着又画了上百张狮猫图，贴在茶坊、酒肆悬赏，最后还是没有找到。临安府尹曹泳完不成任务，只好用金子做的猫贿赂秦桧，这件事才算了结。

宋朝人有“乞猫”的风俗，这是一种获得猫的方式。有人家的母猫生了小猫，想要养猫的人，必须带着鱼、盐等“聘礼”向主人去请求。黄庭坚诗句“闻道狸奴将数子，买鱼穿柳聘衔蝉”，以及陆游诗句“裹盐迎得小狸奴，尽护山房万卷书”说的正是“乞猫”这种风俗。

由于人们特别富贵人家对宠物猫的追捧，有些人为了经济利益，从事盗取名贵猫甚至造假的违法生意。他们抓住猫后，为防止猫号叫，就立即把猫浸在水桶里，猫生性爱干净，便会不断舔舐淋湿的皮毛，这样就不会号叫了。有人将普通猫染色冒充名贵品种，出售获利。这些违法行为固然令人痛恨，但也从侧面反映了宋朝养猫风气的兴盛，而且猫在当时也进入了交易市场。

狗

同时养过猫和狗的人，通常会认同这样的说法：猫高冷，而狗更容易和人亲近，并且对主人更为忠诚。

《夷坚志》记载，宋高宗年间，一位僧人养了一只可爱的狮狗，后来僧人被贼人所害，这只狮狗便一直尾随贼人，到了人多的地方就狂吠不止，以引起人们注意，最终贼人果然被捉拿归案。

宋朝人养狗，除了少数为玩赏外，更多的还是看重狗的实用功能。古代的人们最早养狗是为了打猎，猎狗帮助主人逐鹿搏兔，追踪猎物。到了宋朝，狗仍然常常出现在猎场中。苏轼有词云："老夫聊发少年狂，左牵黄，右擎苍。"黄就是猎狗，苍就是雄鹰。贺铸也有词曰："闲呼鹰嗾犬，白羽摘雕弓，狡穴俄空。乐匆匆！"可见猎狗和鹰是宋朝人打猎最得力的两个帮手。

古人在长期的驯养过程中发现，狗除了帮助人们打猎外，十分机警，能够守护羊群、看家护院等，宋朝百姓养狗大多也是出于这个原因。尤其在广大的农村，几乎家家养狗，鸡犬相闻是乡村的生活特征之一，甚至就是乡村的代称。

岳飞之孙岳珂曾记载，家乡的周教授养了几十条狗，都是出自西北的强健品种，用来看家护院，行人都不敢靠近周教授的庭院。凶猛的狗看家护院的作用当然不容小觑，但宋朝大部分普通人家是不会养这类狗的，一者普通的狗看家护院也足够了，二者猛犬也有碍社交，妨害和邻里的友好氛围。

皇室贵族饲养名犬，主要是专门为了赏玩和打猎等娱乐，《宋史》记载，宋太宗养有一只狗，特别听话，常常伴在左右。太宗驾崩时，这只狗哀嚎不已，不吃不喝，最后被送到了永熙陵寝。李至有一首诗《桃花犬歌呈修史钱侍郎》，记述的也是这件事。太宗养的这只狗，名字叫桃花，脖子上围着绛缯，挂着金铃，非常善解人意，不离太宗左右，甚至睡觉、吃饭都在太宗的床边。难怪太宗逝世，桃花狗如丧考妣。

在日常生活中，在打猎中，狗与人类的关系十分密切。大部分的狗是从小就饲养在家中，和主人朝夕相处至少几年甚至十几年。在长期的共同生活中，狗势必会和主人产生精神上的交流，与主人结成了家庭成员般的亲情。哪怕是最常见的家犬，也有和主人温情的一面。如陆游所说“犬喜人归迎野路”，家里的狗盼着主人回来，早早地在野路上迎接。赵蕃《还家二绝》说得更是生动：“小出端如远客归，仆迎儿候犬循衣。”离开家不远，归来时却像远道而来的客人一样被隆重接待，仆人和孩子一起出来迎接，家里的狗更是欣喜地用嘴牵起主人的衣服。这样生活气息浓厚的画面，确实容易在人心里泛起温馨的涟漪。

动静相伴的精灵
——鱼与龟

鱼

都市快节奏的生活，往往使人更关注慢生活的魅力，比如养几尾金鱼，静静地欣赏金鱼在水草间优哉游哉的游弋，时而喂食，引得鱼儿争抢。这个过程中，烦恼遁逃，宠辱皆忘，是多么惬意的一件事情。

我们所说的金鱼，是鲫鱼经改良而成的观赏鱼类的统称。在生物学上，金鱼属鲤科，鲫鱼属，是野生金黄色鲫鱼的一个变种鱼。中国是最早驯化和选育金鱼的国家，据文献记载，最早开始这一过程的正是宋朝。

金鱼在宋朝也叫金鲫鱼，南宋临安的西湖里的金鲫鱼，投饼饵就会冒出头来吃食，但是也不贪吃。苏轼游西湖时把它们写进了诗里："我识南屏金鲫鱼，重来拊槛散斋余。"他自言认识西湖南屏山的金鲫鱼，再次来到这里，扶着栏杆给它们散斋饭吃。

西湖南屏山兴教寺山门前有放生池，池中有金鲫鱼十余尾，僧人闲暇之时争相凭栏投饼喂鱼。想来苏轼的诗，指的正是此处。

因为通体是富贵神秘的金黄色，宋朝人饲养金鱼的热情十分高涨，除了天然水域和放生池，专门为饲养金鱼而建的金鱼池也大量出现。《武林旧事》中记载，在临安德寿宫中就修建有金鱼池，名曰“泻碧”。为了充实自己的金鱼池，皇帝甚至派人到别处搜罗金鱼。

皇帝的喜爱显然很有示范作用，官僚贵族、富商巨贾也纷纷加入其中，饲养金鱼成为当时上层阶级的时尚休闲娱乐活动。有条件的王公贵族常常会在家中建池养金鱼，甚至有官员带着金鱼一起赴任。岳珂曾记载，后来做过叛将的吴曦酷爱金鱼，他归蜀时携带三大船金鱼，并顺便带走了不少擅长养金鱼的杭州匠人。

除了养鱼池，宋朝人也会用大的盆、缸埋在地下，或置于庭院、室内，盆中饲养金鲫鱼兼种些莲花、水草，以此陶冶性情，舒缓身心。当然也有以小盆置于案头的，《靖康要录》记载，宋钦宗读书认真刻苦，在读书的间隙，会观看漆器小盆中的金鱼解乏。

比较珍贵的养鱼容器，在宋朝还有琉璃材质的。范成大记述，“琉璃壶瓶贮水养鱼，以灯映之”，会从外面隐隐看见鱼在游动。

随着饲养金鱼的普及，许多与之相关的产业也发展起来。在汴梁、临安等大城市出现了专门饲养、买卖金鱼的行当——鱼儿活。《梦粱录》记载：“此色鱼旧已有之，今钱塘门外多畜养之，入城货卖，名鱼儿活。”又说：“鱼儿活行，以异样龟、鱼，呈献豪富”，配套的服务还有出售喂鱼的小虾、小虫。

龟

在养鱼的同时，宋朝人也常常把龟和鱼一起饲养。龟和鱼，一静一动，颇有些互补的味道。龟寿命能达百年以上，因此是长寿的吉祥象征，被看作祥瑞之物，深受人们喜爱。

养龟在宋朝成为越来越多人的雅趣，诗人张耒家中就曾养过两只龟，还起有名字：大龟为九江，小龟号千岁。《夷坚志》记载，吕德卿家养了一只绿毛龟于盆池中，时间久了，绿毛龟和人达到了默契。每天中午，用小竹杖击水面，龟就应声而出。然后在杖头插几小块生猪肉喂给它吃，吃完它就会沉下水去。

绿毛龟是一种珍贵的宠物龟。宋太宗时，寿州进献一只绿毛龟，太宗看到后觉得惊奇，认为是上天对自己有所警示。绿毛龟并不多见，价格也十分昂贵。尚书郎孙纬在秦桧过生日时，曾献诗祝寿："面脸丹如朱顶鹤，髭髯长似绿毛龟。欲知相府生辰日，此是人间祭灶时。"他为了讨好秦桧，将其胡须比作绿毛龟，说明绿毛龟在北宋和南宋初期确属难得之物。

绿毛龟的绿毛是可以种植的，南宋时人们已经摸索出种植绿毛的方法。陆游赴任夔州通判，行至今芜湖附近时，发现"邑出绿毛龟，就船卖者，不可胜数。"如此大规模的绿毛龟出现必定是有人工养殖的支撑，这也从另一个侧面说明宋朝绿毛龟市场需求的庞大。

色彩斑斓的灵物
——鸽子、孔雀与鹦鹉

鸽子

苏轼在杭州做知府时，疏浚西湖，修建苏堤，使淤塞过半的西湖恢复了生机，并且留下了“三潭映月”的美景。杭州的百姓非常感激苏轼，为了表达他们的爱戴，在苏轼过生日的时候，杭州人往天空放了许多只鸽子给他祝寿。后来苏轼也写诗提及此事：“去年柳絮飞时节，记得金笼放雪衣。”诗中的“雪衣”，其实就是鸽子在宋朝的雅称。

鸽子是实用性与观赏性兼有的鸟类。它有强烈的恋巢性，能飞千里而不迷路，因此常被用来传递书信；同时鸽子也是一种著名的观赏鸟，身姿优美，无论是闲庭信步，还是高空翱翔，都一直吸引着人们的目光。

中国人养鸽历史悠久，宋朝关于养鸽的历史记载也颇为丰富。南宋江少虞《宋朝事实类苑》记载：“今人驯养家鸽通信，皆非虚言也。携至外数千里，纵之，辄能还家。蜀人以事至京师者，以鸽寄书，不旬日皆得达。”他还说，商人们行船于江海之上，也都是信鸽和家人保持联络。

宋朝的军队中也专门养鸽传递军事信号。抗金名将张浚在视察大将曲端的军队时，曲端只一个人向他行军礼，张浚很奇怪，命令点视军队。曲端把所辖五部的军籍给张浚看，张浚点了其中一部，曲端开笼放了一只鸽子，被点到部队随机而至。张浚非常惊叹，又命令点齐全部军队，曲端同样用鸽子传令集齐了部队。

宋朝的皇宫里设有专人饲养鸽子，鸽子脚上佩戴金镯，足见皇室对鸽子也是爱之如宝。宋高宗曾在宫中养了一群鸽子，每日以放飞为乐，太学生作诗讽刺其玩物丧志，诗云：“万鸽飞翔绕帝都，朝昏收放费工夫。何如养取云边雁，沙漠能传二圣书。”诗中讽刺皇帝养鸽子还不如养大雁，给被金国俘虏的宋徽宗、宋钦宗送信。宋高宗听到这首诗，心下恻然，或许是真的感到羞愧，从此宫中不再养鸽。

自古鸽子就与佛教有着不解之缘，佛经中有许多和鸽子有关的故事，如鸽隐佛影、佛陀代鸽舍身喂鹰、佛祖化鸽喂罗者等。鸽在中国文化里也源远流长，白鸽的圣洁典雅正好契合禅的质朴无瑕、回归本真，加之寺院古刹多建在幽静偏远之处，白鸽的一动一鸣更增添了几分宁静与清雅。因此宋朝寺院养鸽非常普遍，如贺铸曾作诗描写：“生台饱驯鸽，散上浮图层。”

根据现存的记载和绘画显示，宋朝时人们所养鸽子，以灰白色和白色为主，羽色雪白的品种，显得更加高洁美丽，因此宋朝称鸽子为雪衣，倒是十分贴切。鸽子举止顾盼兼顾阳刚与柔美，即使养在笼中仍不失风姿。

宋朝人养鸽子，喜欢给鸽子佩带鸽铃，鸽子在翱翔天际之时，鸽铃发出的声响，也被宋朝人认为是一件雅事。《四朝见闻录》描述养鸽时写道：“寓金铃于尾，飞而相空，风力振铃，铿如云间之珮。”赞美鸽铃优美的声音堪比云间的玉珮在叮当作响。

宋朝鸽子一般笼养，富贵人家的鸽笼也是有讲究的，一般鸽笼用竹、木制造，而他们的鸽笼则镶金装饰，做工精细，外表华贵，号为“金笼”。吴同山诗曰：“金笼放鸽徒夸诩，静处乾坤分外宽。”在天气晴朗的日子里，将金笼中的爱鸽放飞于碧空，清脆的鸽铃声接连传来，此刻心静如水，觉得天地格外宽广无垠，这应该就是鸽子带给宋朝人最大的精神享受吧。

孔雀

与灰色、白色的鸽子相比，孔雀在色彩上就要招摇得多了。宋朝人给孔雀赐予了不少有意思的别称：孔雀出于南方，故称其“越鸟”“南客”；孔雀色彩斑斓，故称其“文禽”；孔雀爱发出“嘟呼嘟呼”的鸣叫，故被戏称为“都护”。

宋朝人爱孔雀，是有原因的：孔雀性情温顺、外表美丽，尤其是雄雀开屏后色彩更加艳丽，光彩照人。孔雀的花翎在古代是身份、地位的象征，经常被编成孔雀扇，或插在瓶中作装饰，象征着吉祥太平。

我国出产的一般是绿孔雀，分布在云南和两广一带。宋朝西南诸国和郡县经常把孔雀当作贡品进献，皇帝把这些进贡来的珍禽饲养在自己的私家园林中。

宋徽宗治国昏庸无能，却是一位文艺气息浓厚的皇帝，对孔雀自然也是关爱有加。宣和殿是宋徽宗休息的地方，偶然一次有一只孔雀前来拜访，宋徽宗赶紧召集皇家画院的画师们画下来。画师们果然画得华彩灿然，只是画中孔雀要站上藤墩时先举右脚，宋徽宗说不对。画师们不明白怎么回事，过了几天才被宋徽宗告知，孔雀升高，必先举起左脚。大家这才服了。这说明宋徽宗不仅喜爱孔雀，对孔雀的观察也是细致入微到极点。

宋太宗时的宰相李昉，退休以后在自家园林中广蓄各种鸟类，其中就有孔雀，他就称呼孔雀为“南客”。随着宋朝经济的发展，南北交流也日益频繁，孔雀也有机会进入中原人家，而且会用专门的孔雀笼来饲养孔雀，梅尧臣就有“北笼养孔雀”之说。刘克庄《邻家孔雀》诗说得比较有趣：“童子有时偷剪翅，主人常日少开笼。”孔雀体型较大，却采用笼养，这或许是因为当时孔雀数量还相对稀少的缘故吧。

宋朝时，南方人捕捉野生孔雀，也动了不少脑筋，总结出一套办法：先布好网，等着下大雨，孔雀羽毛丰富，沾上雨水变得沉重就飞不起来，此时最容易抓捕。

除了捕捉野生孔雀，宋朝人还掌握了人工孵化技术，将孔雀蛋让鸡去孵化即可。有条件的家庭，给孔雀的居住设计也说明宋朝人更了解孔雀的生活习性：孔雀喜欢向阳处，所以房子要开朝阳的窗户。孔雀不喜欢在地上睡觉，所以房子里要架设横木以供栖息。在孔雀喂食方面，基本上和鸡差不多，要注意不能缺水。到了夏天秋天，到野外捕捉螽斯、蟋蟀等虫子喂给孔雀是最好的。

为了使孔雀和人亲近，宋朝人已经知道在喂食时要在厅堂之上，让孔雀习惯见人，并通过喂食养成条件反射，驯化后的孔雀和人可以非常亲近，甚至能随着音乐而起舞。它们看见妇女儿童身上鲜艳的衣服，还会逐而啄之，引人发笑。

宋朝流传至今的孔雀诗文不算少，有写孔雀漂亮华贵外表的，如梅尧臣《赋得孔雀送魏殊》："耸观翕翼修尾张，鳞鳞团花金缕翠。"有写孔雀翩翩舞姿的，如罗愿《尔雅翼》："闻弦歌必张翅尾，眄睐而舞。"

北京故宫博物院收藏有一幅宋朝《红梅孔雀图》，画中有孔雀一对，雄的栖于树干，回首梳翎；雌的徜徉岸边，低头觅食，一副悠然自得的景象。

总体而言，孔雀这种相对稀少的大型珍贵鸟类，饲养的机会对于普通人家显得不多。但是鹦鹉这种聪慧的鸟，就容易飞入寻常百姓家。

鹦鹉

鹦鹉能言、乖巧，具有灵性，宋朝人经常把它当作善解人意的代表，鹦鹉和人之间的关系也变得异常亲密。宋高宗曾在宫中养了上百只鹦鹉，有一只赤色鹦鹉，会口呼万岁，深得宠爱。这只鹦鹉死后，高宗甚至亲自为之写祭文，享受了连很多大臣都得不到的待遇。

庄绰《鸡肋编》记载了一个让人伤感的关于鹦鹉的故事。蔡忠懋因诗获罪，投奔到新州，只带着一个名叫琵琶姐的爱妾，有养了一只聪明的鹦鹉。他叫爱妾时，也不说话，只要敲一下小钟，鹦鹉就会叫琵琶姐的名字。不久，琵琶姐因病而亡，蔡忠懋也没有机会敲钟了。有一天，皇帝的生日，按规定要穿上正规的衣服，蔡忠愍不小心让衣带碰到了小钟，鹦鹉就叫出了琵琶姐的名字，蔡忠愍悲从中来，于是写诗表达自己深切的思念：“鹦鹉声犹在，琵琶事已非。堪伤江汉水，同去不同归。”从此郁郁成病，以致死去。

宋朝人一般认鹦鹉产自陇西，所以又叫鹦鹉为陇客或陇鸟。后来有学者认为，中国历史上鹦鹉产地主要在岭南、西南一带，陇西气候并不适合鹦鹉生存。所谓陇西产鹦鹉，或许是因为鹦鹉是从印度由经丝绸之路到达陇西，或许是被从蜀地带到陇西而后传入中原，时人就误把陇西当作鹦鹉原产地了。

有资料表明，岭南、西南各地有大量鹦鹉栖息，周去非《岭外代答》里说：“此禽南州群飞如野鸟，举网掩群，脔以为鲊。”说明当时南方野生鹦鹉数量相当多，甚至被捉来食用。

除了本土鹦鹉，宋朝也有海外鹦鹉通过贸易和进贡的方式输入中国的记载。北方游牧民族见不到鹦鹉，金朝竟然派使者到南宋索要鹦鹉等动物，皇帝只好令人四处搜寻给他们。宋高宗还曾庆幸地说，敌人派使者万里前来，要的东西不过如此，还有什么可担忧的呢？宋高宗不思进取，偏安一隅的心态可见一斑。

宋朝鹦鹉基本都是笼养，然后教授说话。梅尧臣《鹦鹉》诗曰：“玉锁闲拘束，金笼不自由。”如此灵性之物却只能终生委身金笼，与古代女性深居闺阁何其相似，也让金笼鹦鹉成为闺怨题材的常见意象，比如陈允平《宫词》云：“倚笼尽日教鹦鹉，为我君前说断肠。”宋朝一幅《调鹦图》描绘的就是深闺之中一人将鹦鹉立手上，好像是在教鹦鹉说话。这也是在刻画深闺中的女性喜欢养鹦鹉，以此排遣寂寞，内心却有着对自由生活的向往。

霜翎高洁的雅士

——鹤与白鹇

鹤

宋朝诗人林逋隐居杭州，结庐孤山，饲养了两只鹤，既能翱翔于天际，又能自己归笼。林逋喜欢驾舟游于西湖各个寺庙之间，每逢客至，看家的童子就开笼纵鹤，林逋看到空中飞鹤后必撑船而归。林逋一生爱鹤痴迷，兼之又爱梅花，于是便有了“梅妻鹤子”这个典故。

鹤，体态修长，举止优雅，行动如舞蹈一般，在形象上便符合中国文化的审美要求。鹤也是长寿的代表，《淮南子》中“鹤寿千岁”的说法，民间也有松鹤延年的吉祥符号。

道家认为凡得道成仙者大多乘鹤飞升，鹤亦因此多被称为“仙鹤”，有着强烈的神仙意象。甚至一个人去世了，中国人也会含蓄地说是“驾鹤西归”。

鹤具有的特殊的文化含义，让历代中国人对它寄予了极大的热情，到了宋朝依然如此。可是由于饲养条件要求较高，人工孵化难度大等原因，很少有普通百姓饲养鹤，能够有条件养鹤的大多是官员士大夫或者一些隐居山水之间的文人雅士。

宋仁宗时，龙图阁学士梅挚家养有一只小白鹤，引得欧阳修和梅尧臣纷纷作诗歌咏。苏轼在贬谪徐州时，在云龙山上见山中隐士养的两只鹤，非常温驯而且善于飞翔，有感而写下著名的《放鹤亭记》，其中“归来归来兮，西山不可以久留”一句，为后人耳熟能详。苏轼在文中对比君王爱鹤和隐士爱鹤的不同，他告诫说隐士爱鹤没什么害处，可是君王爱鹤，即使很雅致，也会玩物丧志，最终亡国。

《江南通志》记载了宋朝卢勉与鹤生死相依的故事。卢勉在陈州时，养了两只鹤，特别通人性。其中一只后来受伤死了，另外一只哀鸣不食。卢勉去喂它食物时，它才吃。有一天早上，这只鹤围着卢勉鸣叫，卢勉问道：“你要离开吗？有天可飞，有林可栖，我不会阻止你的。”鹤飞上云际，屡屡回头，最终离去。后来卢勉老了生病，有没有子女，移居在黄浦溪上。在萧瑟的晚秋，卢勉拄着拐杖在林间行走，突然有一只鹤出现在空中，凄凉的悲鸣，卢勉抬头问道：“你是我在陈州的伙伴吗？”果然是！鹤一下子投入卢勉怀中，用嘴牵着他的衣服不放。卢勉抚摸着它哭道：“我老无子嗣，形影相吊，幸亏你留在这里，我们就一起共度残年吧。”后来卢勉去世，鹤也绝食而死。人与鹤能结下如此深情厚谊，感人至深，可歌可泣。

赵抃有“铁面御史”之称，朝廷上弹劾官员时不畏权贵，他为人厚道清正，每天所做的事，夜里都要穿戴好衣冠，焚香告诉老天爷，可知他是多么严于律己的人。他在任成都知府的时候，只以一琴一鹤相随。想必他对鹤有着很深的感情，而鹤的高洁清雅也和主人的品格相互映照。

这些故事，说明宋朝人养鹤是一个非常高雅的爱好，养只鹤陪伴左右，既是一种休闲，舒缓身心，又是一种寄托，是表达心志，追求高洁的一种象征。而且人们真诚地付出后，鹤能与人建立了一种非常信任亲密的关系，甚至有时已经超出动物的范畴，成为人的朋友、家人。

白鹇

与鹤一样有着优雅高洁特征的白鹇，虽不及鹤那样出名，但宋朝人对它也是充满兴趣。

白鹇翎毛华丽、体色洁白，在中国自古即是名贵的观赏鸟。在前代人观察、饲养的基础上，宋朝人对白鹇的认识更加深入，饲养的人也越来越多，逐渐成为庭院园林中常见的观赏鸟类。李昉在自家园林中饲养五禽，将其中的白鹇称为佳客。陈允平的《春闺》写道："黄金络索珊瑚坠，独立春风教白鹇。"这里教白鹇或许就是在驯化家中所养的白鹇。

皇帝的园林中，也有白鹇身影的出没。杨侃在《皇畿赋》中记载，玉津园中就有孔雀、白鹇、翡翠、素雉等禽类。

一些寺庙道观中常常饲养白鹇，沈辽在路过曹溪寺时，就看到寺院附近的水泽中有数十只白鹇，与寺中僧人往来相当亲近。它们虽然不是僧人刻意饲养，但是由于僧人的喂养和保护，它们和僧人相处甚欢。秦观的《圆通禅师行状》记载，怀贤禅师隐居金牛山，在庭院中养猿、鹤、白鹇等，号五客，都能够从他的手掌中直接取食。

除了散养，白鹇也可以笼养，梅尧臣有“南笼养白鹇”之说，更有人“得鱼归来不自吃，开笼分与白鹇食”。

白鹇素雅、珍贵，常被当作贵重的礼物馈赠。欧阳修担任礼部考官时，与梅尧臣、王珪、梅挚等人唱和不绝，其中因梅挚赠送欧阳修白鹇而引起的几人唱和诗达六首：欧阳修的《和公仪赠白鹇》《再和公仪赠白鹇》《和梅龙图公仪谢鹇》，梅尧臣的《谢鹇和公仪》《送白鹇与永叔依韵和公仪》和王珐的《和公仪送白鹇于永叔》。诗中既有对赠送白鹇的感谢之词，也有作为见证者的欣喜之情，更多的是对白鹇的描绘，钟爱之意溢于言表。

与人共处久了，白鹇也会表现出对主人的浓厚感情和非凡忠诚，北宋末年，喜欢风雅的宋徽宗即位后，在皇宫内苑畜养珍禽异兽，左司谏江公望上书力谏，宋徽宗只得将它们遣散，唯独有一只白鹇，驯养已久，久久不肯离去，直到宋徽宗用杖驱赶才依依不舍地离开。

《宋季三朝政要》记载，南宋祥兴二年，元军追击幼帝赵昺一直到海上，陆秀夫登上御舟，对幼帝说，国事已然如此，陛下应该以身殉国，以免被俘虏后受辱。然后陆秀夫抱着小皇帝投海自尽。御舟上有一只白鹇，看见主人投海了，奋击踯躅，哀鸣良久，最后和笼子一起坠入水中。直至后世，仍有人记述此事，感叹白鹇之忠贞。

预告秋临的寒虫
——蟋蟀

南宋宰相贾似道，在民间有个绰号“蟋蟀宰相”。贾似道酷爱养蟋蟀、斗蟋蟀，达到痴迷的地步。《宋史》记载，元军南下围困襄阳，形势异常急迫，贾似道却成天待在葛岭，修建楼台亭榭，日夜与众多小妾淫乐。贾似道与群妾蹲着斗蟋蟀，与他亲近的客人看见了，就开玩笑问：“这是军国重事吗？”民间给他取了“蟋蟀宰相”的绰号，充满对他的嘲讽意味。

贾似道玩物丧志，在政治上误国误民，但是他却总结饲养蟋蟀的经验，编写了世界上第一部关于蟋蟀的研究专著《促织经》，系统地对蟋蟀的饲养调教进行了论述。

促织是蟋蟀的别名，得名有两种说法，一是其声如织，二是秋季来临，它的鸣叫督促人织布做衣，以备冬天御寒。

人们最早饲养蟋蟀就是因为其清脆的鸣叫声。蟋蟀靠背上的双翅摩擦发音，振动频率高，呈四声节奏，清脆宛转，十分悦耳。

随着观察研究蟋蟀的深入，古代的人们发现蟋蟀有好斗习性，斗蟋蟀就慢慢成为人们喜爱的娱乐活动。它不仅能丰富人们日常生活，娱乐身心，还能博彩，作为赌博的一种形式。此外人们也十分关注其中的文化内涵，曾有人将中国的斗蟋蟀和古罗马斗兽场角斗相比较，认为斗蟋蟀是中国竞争文化和内敛文化的综合。

在中国，人们膜拜英勇无畏、疆场厮杀的英雄气概和拼搏精神。因此斗蟋蟀才能在儒家“玩物丧志”的批评下，仍能延续千年，经久不衰，并逐渐成为一项重要的民俗活动。

斗蟋蟀在民间被称为“秋兴”，包括捉、养、斗等环节，涉及昆虫学、民俗学、文学、艺术、民间工艺等，确实可以称得上是传统文化的一部分。时至今日，爱好者也有自己的蟋蟀协会来组织斗蟋蟀活动，一只上好的蟋蟀也是价值不菲。

宋朝的史料记载，斗蟋蟀始于唐朝天宝年间。到宋朝，随着社会稳定和经济的繁荣，尤其是南宋，经过百多年的积累，各方面繁荣达到鼎盛，饲养蟋蟀的人也越来越多。南宋偏安一隅，奢靡成风，养斗蟋蟀流行，宰相贾似道就是其中典型的代表。

宋朝蟋蟀的饲养还是很专业的，并出现了专门的市场。《武林旧事》《梦粱录》《西湖老人繁胜录》等记载，当时的市面上能见到蟋蟀、蟋蟀笼、蟋蟀盆罐的售卖。当时养蟋蟀的盆罐或笼作为一种常见的商品，制作非常讲究，按用处的分类也不少，比如斗罐、养罐、提罐、过笼等，其中质地最好的还是陶罐，在透气、保湿和控温方面非常适合蟋蟀生存。

贾似道对养蟋蟀比较在行，比如他说养蟋蟀的盆必须要古老、精致。到了天热的时候，要在蟋蟀窝里洒点水；天气转凉，要在盆底填充泥土保温。

过笼是长方形的陶制容器，两端有孔，蟋蟀可以自由穿过，因此得名过笼，过笼里能够容纳两只蟋蟀，是蟋蟀平时生活、繁殖的居所，放在蟋蟀盆中配套使用。蟋蟀笼也是种类繁多、做工精巧，甚至以银丝、金漆为笼，足显主人对蟋蟀的宠爱。这些都足以从侧面说明宋朝中后期民间养斗蟋蟀之风很盛，已经成为了一种大众活动。

文学关注社会生活，宋朝的诗文中有大量蟋蟀的描写，叶绍翁《夜书所见》诗曰："萧萧梧叶送寒声，江上秋风动客情。知有儿童挑促织，夜深篱落一灯明。"这是描写孩童晚上捉蟋蟀的趣事：萧瑟的秋风不免让人产生悲秋之意，但孩童们可没有这么深沉，捉蟋蟀正是他们此时最快乐的事情，看着屋外孩童们打着灯笼捉蟋蟀，诗人的愁绪仿佛也得到了抚慰。

李清照《行香子·七夕》词写道："草际鸣蛩，惊落梧桐。正人间，天上愁浓。"草间的蟋蟀在鸣叫，枝头的梧桐叶似乎也被鸣叫惊落，这样的情景，反而让人升起无限的愁绪。

南宋姜夔曾与张镃一起喝酒，忽然听到蟋蟀的鸣唱，于是各作词一阕，互相应和。张镃作了一阕《满庭芳·促织儿》：

月洗高梧，露漙幽草，宝钗楼外秋深。土花沿翠，萤火坠墙阴。静听寒声断续，微韵转、凄咽悲沉。争求侣，殷勤劝织，促破晓机心。

儿时，曾记得，呼灯灌穴，敛步随音。任满身花影，犹自追寻。携向华堂戏斗，亭台小、笼巧妆金。今休说，从渠床下，凉夜伴孤吟。

姜夔作了一阕《齐天乐》，其中写道："哀音似诉，正思妇无眠，起寻机杼。曲曲屏山，夜凉独自甚情绪。”这两阕词以蟋蟀的鸣叫声为线索，将深秋，寒夜，儿时提灯寻蟋蟀的快乐，如今国将破家将亡的哀愁，巧妙地组织在一起，表达了此情此景中的悲苦心境。两人一唱一和，创作两首佳作，成为一段佳话。

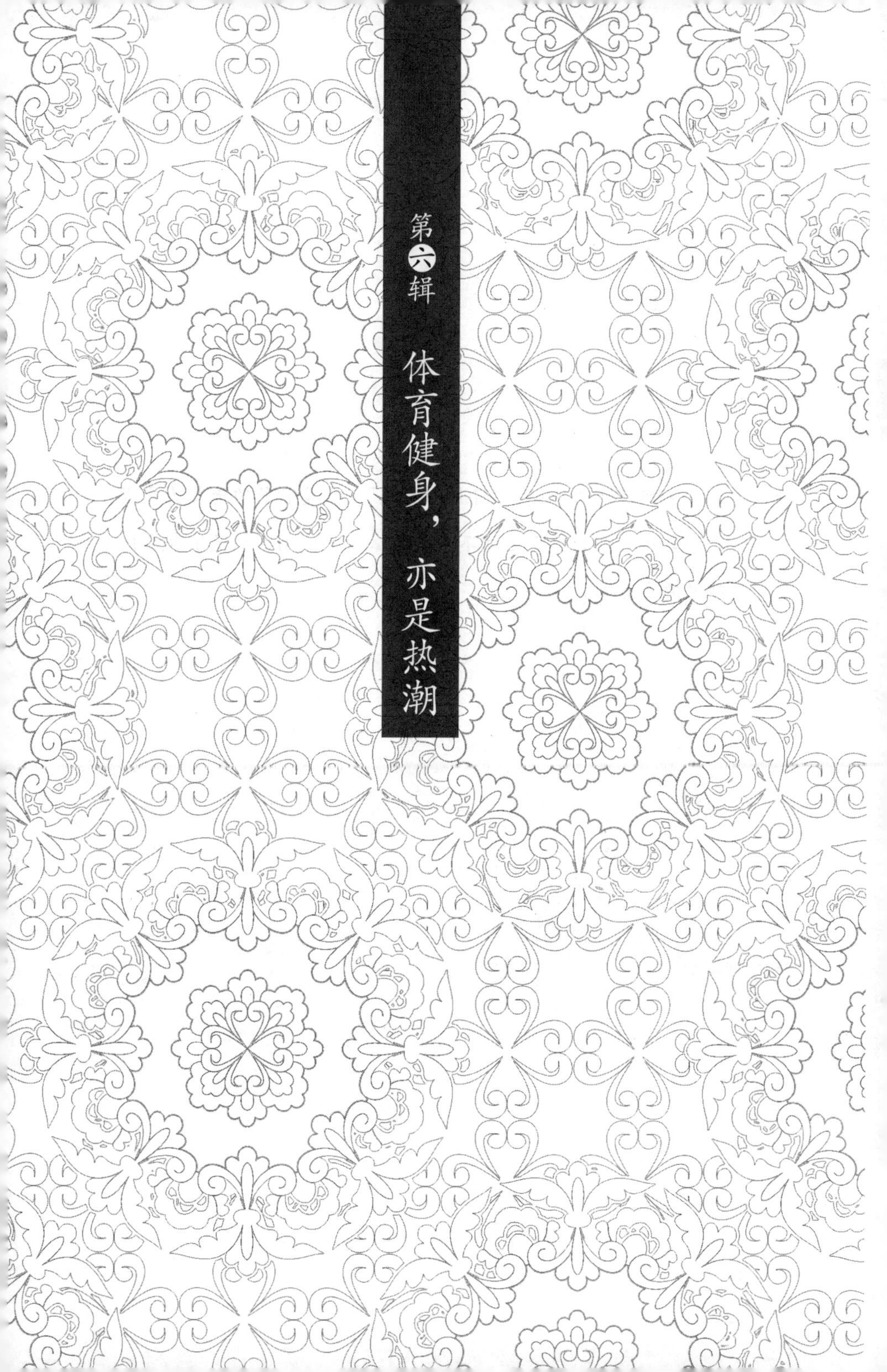

第六辑

体育健身，亦是热潮

宋朝最快的快递，“日行四百里”，它是靠长跑者接力完成的。当然宋朝的体育运动不都是这么累，休闲娱乐是宋朝全民健身的主基调。

奔跃投掷的身影
——田径

每逢足球世界杯或奥运会之年，全球都仿佛陷入一种“疯魔”状态：有时差没关系，可以晨昏颠倒，通宵达旦；身体消耗没关系，可以呼朋唤友，啤酒鸭脖伺候；甚至输赢也没关系，只要那股劲儿在，照样为之欢呼雀跃。所有这些看似脱离正常的状态，都只为一场接一场的精彩赛事，体育运动在全人类心中的分量就是这么傲娇。

赛事终结之日，各国在金银铜牌的排行也迅疾揭晓，从中可以总结出一条基本的规律：体育的强国，首先是经济的强国，其次是体育普及的强国。

回到一千多年以前，这个规律依然奏效。那时的宋朝经济富庶，进入一个全民盛世的时代，人们在文化、体育、娱乐方面投入的热情并不比今天逊色多少，各类体育运动从皇宫到民间，都有大批的拥趸，各类项目伴随着人们的生活，既起到强身健体的作用，又让人们大量的闲暇时间得以消磨在有意义的事情上，可谓一举两得。

比照现代体育的分类，宋朝体育运动中的田径项目，也包括跑、跳、投等主要大项。

跑

跑是人类天生的一种生活技能，从远古时期就用奔跑来获取食物，与野兽追逐或者躲避自然灾害，都要靠奔跑的技能，即使人类文明开始很长时间后，奔跑仍然运用在人类的生产中，这在宋朝体现得尤为充分。宋朝跑步的赛事，少见于史料，但官方发掘奔跑能力强的人，使他们在国家的军事、通信系统中发挥了重要作用。

古代的长跑运动经常与军事活动联系在一起，军队的奔跑能力与军队的行军、战斗能力强弱紧密相关。鉴于跑步技能强的人可以在战争中发挥特殊作用，宋朝军队在招募士兵时会侧重士兵的奔跑能力，挑选优秀的士兵时也把“强力疾足、负重能走”作为一项重要指标，善于奔跑的兵士有时会被召集在一起，组建成精锐部队。

《宋史》记载，江西赣州士兵以善于在险道奔走著称：“赣兵精劲，善走险。”南宋“中兴四将”之一的韩世忠，有一支名唤“一把雪”的传令兵，都是行动敏捷、善于奔跑的人，他们奔跑在战场上，用手中的信号旗传到主将的行止命令。

善于奔跑的人，在宋朝的通信系统中也容易找到工作。宋朝官方的通信邮递系统由递铺来完成，邮递系统负责传送公文军机。铺兵的长跑能力在邮递系统中是一个最基本的因素，在递铺中传送公文的铺兵必须奔跑技能高超。

《梦溪笔谈》记载，宋朝递铺传递公文的速度分为三等：步递、马递和急脚递。急脚递速度最快，能日行四百里。宋朝的文书传递是一铺递至另一铺的接力传递，递铺之间的距离一般为五十里，有的甚至为十到二十里，铺兵完成任务的跑步能力比当今长跑运动员要慢上一倍多，是不难完成的，急脚递文书传递中虽然存在乘马传送，但铺兵的跑步传送是主要的。

宋朝的递铺系统中，文书的传送速度是主要的考核指标。官府对递铺文书的传递时间有严格的限制，要求铺兵奔跑速度高，不可延误规定日期，否则会受到严厉的惩罚：”事干军机及非常盗贼，急脚递日行四百里，马递日行三百里，违二日者止徒一年。”也就是说，没有按规定时间完成传递任务，逾期两天的会被判处一年徒刑。

跳

善跑之外，高超的跳跃能力也常常被运用在战场上。岳飞训练士兵的时候，会让他们穿上重重的铠甲，做爬坡和跳跃壕沟的训练，这样训练出来的士兵在战场上才有敏捷的身手。仅从这一项训练看，岳家军令敌人胆寒的战斗力不是没有原因的。

宋朝招募士兵时，自有一套检测标准：“先度人材，次阅走跃，试瞻视”。也就是说，先看身材，次看跑步和跳跃能力，最后还有检测视力，可见跳跃能力是检测标准中很重要的一项。

投

投掷能力也是人类获取生产、生活资料的一种必备技能。投掷运动在宋朝的开展主要有军队中的投石和标枪、休闲活动的投壶。

投石即投掷石块，几乎是每个人都曾做过的一项活动。远古时期人类用投掷石块来采集果实和狩猎，在古代战争中，投石更多地被运用在战场上作为一种杀伤力很强的进攻方式。投石是宋朝军事训练的重要科目之一，虽然那时已有火药在战争中使用，但是投石仍然被常常使用，且发挥了重大威力。

标枪也是军事战斗中用来投掷的武器，可在较远的地方抛出射击敌人。标枪在宋朝也叫梭枪、飞梭枪，长数尺，本来是南方的少数民族打猎、战斗所用。士兵在使用时，一手持盾牌，一手持标枪，寻找机会投射敌人，几十步以内，被投中的士兵会立刻受伤跌倒甚至毙命。

宋朝南方边远地区的武装大量使用标枪作战，狄青领兵讨伐叛乱时发现“贼皆执大盾标枪”，对宋军产生了很大威胁。宋军于是也开始挑选善于使用标枪、盾牌的士兵来应敌，狄青还想出了用骑兵对付敌人的办法：骑兵攻入敌方标枪、盾牌队伍，再使用铁连枷击打对方。结果宋军果然大胜，狄青受到时人的称赞。

宋朝军队平日里训练标枪、盾牌的实战技能，也作为将校、士兵在迁补的考核项目，只有标枪、盾牌运用达到合格才可迁补。在宋朝的军事演习中，也有标枪的运用。《武林旧事》记载在水军演习时，士兵中“标枪舞刀于水面者，如履平地”。

与主要用于作战的投石、标枪的军事体育相比，投壶则是一种休闲娱乐性质的体育活动。

宋朝投壶基本上沿袭前代的方法，以壶象征箭靶，人在离壶二矢半处，用竹矢投向壶口，进入壶中者为胜，不中为输，类似于现代体育中的飞镖运动。

投壶的输赢，往往用实物或罚酒作为赌筹，娱乐性很强，因此上至帝王，下至平民百姓都很喜爱。

《宋史》里记载，岳飞虽为武将，可是也饱览经史，“雅歌投壶”是他闲暇时的爱好，这时的他“恂恂如书生”。司马光居住在洛阳时，在和客人谈诗论赋的间隙，也会将投壶作为娱乐。可以说，投壶活动在宋朝，已经渗入到官员士大夫阶层的日常生活中了。

更有意思的是，投壶活动契合士大夫高雅的品性，他们甚至在争论、评比文章时也用投壶进行裁决。宋神宗时，范镇与人评比文章，将自己撰写的八篇乐论拿出来展示，结果争论了几天也没有结果，后来索性用投壶来决出胜负。

宋朝的民间也沉浸于投壶之乐，在春夏之际，人们出外游玩，娱乐项目里就有投壶。甚至，投壶高手也把它当做表演项目，供人观赏。

大约是司马光觉得当时投壶的娱乐性太强了，已经失去投壶最初的古礼之意，所以他写了《投壶新格》，把投壶的意义总结上升到一个颇高的地位，说它“可以治心，可以修身，可以为国，可以观人”，因为它可以让人思考过犹不及的缺点，让人追求不偏不颇、恰到好处的境界，在他心中这才是投壶的正道所在。

百步穿杨的利器
——射箭

距今三千多年的周朝，在官学中就要求学生掌握六种本领：礼、乐、射、御、书、数，合称“六艺”。“六艺”中的射、御也就是射箭、骑马，可以说就是当时学生的体育课，因此可以推断，射箭的系统训练在中国历史上至少有三千多年的历史。时间到了宋朝，人们对射箭技能的认识更加深刻，在培养上也更趋于科学。无论是在军队，还是民间，宋朝人对射箭一直保持着热衷的态度，射箭作为实战技能和个人爱好都提上一个新的历史高度。

“十八般武艺”一词，最早出现在南宋华岳的《翠微北征录》，他说：“军器三十有六，而弓为称首；武艺一十有八，而弓为第一”。可见射箭技能在宋朝人眼里的地位很高。

射箭最重要的用武之地是战场。如果按器材来分，广义的射箭包括弓射和弩射。弓射适用于步兵和骑兵，作战范围较广。弩是弓箭的延伸产物，一般弩需要脚的配合才能开张搭箭，所以只能步兵使用。弩箭比弓箭射程远，洞穿力强，因此是一种劲兵利器。但弩发射准备的时间较长，所以战场上发射弩一般要设置军队队形。

如果按射箭时有无骑乘来分，射箭分为步射和马射。宋朝总结的步射总法和马射总法相当细致科学，政府向军队发行了快速提高士兵弓弩技能的训练手册，书中除了用文字从细节上分解射箭动作外，还附有动作示范图。士兵必须背诵政府发行的训练手册，并应用于平日的训练。后因效果显著，政府又扩大了手册发行的地理范围。

《事林广记》记载了宋朝的步射总法和马射总法，并把它们编成简短易懂的口诀。步射的诀窍和要领是："腕仰在上，肘压在下，下弰（弓的末端）抵腋，上弰指的，目视弓上。"马射的诀窍和要领是："势如追风，目如流电，满开弓，紧放箭，目勿瞬视，身勿据坐，不失其驰，舍矢如破。"

宋朝军队的日常军事训练中，练习射箭技艺是一项基础功夫。为了提高军队作战素质，在严格的训练中，会对射术优异者颁发优厚的奖励。另外，将士的迁补也必须要有严格的武艺测试，射术不及格的也会受到处罚。反之，射术优异的人，只要策义合格，就会受到朝廷器重，迁补晋升得很快。

宋朝军队在校阅时，步射和马射技艺是主要的检查项目。根据军士射术的表现分出等第，并给射术出众的军士进行奖励。

军队考核军士的射术，在力量和精准度上都有量化的指标。比如在力量上，分三个等级。如果是弓，九斗力为第一,八斗力为第二,七斗力为第三；如果是弩，二石七斗力为第一,二石四斗力为第二,二石一斗力为第三。

根据《梦溪笔谈》的记载，宋朝时弓弩每石的力量，相当于当时的九十二斤半。有资料记录的士兵挽弓力量的最高纪录为三石，力量之大，甚是骇人。

军队中有种射铁帘的比赛，只有挽弓挽弩力量很大的人才可射过铁帘，这是朝廷刺激军士训练的一种方法，射中的人会得到很优厚的奖励。为提高军士射术的多样性，军队中也教习左手射箭，训练左手射箭的力量，对于能左右开弓的士兵，也会给予奖励。

宋朝军队一度对射箭的力量比较痴迷，而忽略射箭的精准度。苏颂、韩琦等曾上书对这种现象进行了批评。韩琦认为马上射箭的花样性只是军中之戏，皆非实艺，纵然军士挽弓踏弩力大，但准确性不高也是徒然，他从弓弩的射箭准确性出发，设定了评定军士能力的等级标准，并且提出其他兵器也要以是否击中目标物为准，不可一味斗力。

显然朝廷接受了这些批评，宋朝的军队中对射箭的精准度也有量化的考核标准，和力量考核一样也分出三等。

射箭力量和精准度的综合考核对军士很重要，除了奖惩之外，甚至按等级每个月发放不同数量的米粮和料钱，因此军士在平时的训练中，不得不刻苦训练，以避免各种形式的损失。

朝廷为了吸收更多的武艺高强人才，兴办了武学，武学最早在宋仁宗庆历年间成立，后来办学时断时续，但也为军队输送了人才。

武学的学生入学有资格限制，他们要弓马功夫合格，熟悉兵法或对时政有自己的看法。入学考试合格的学生，会提供食宿，平日主要训练骑、射，学习兵法，他们可三年一次参加全国的考试，考试内容有骑、射，兵法和对策，因此射箭练习一直是武学的必修项目。

宋朝举行武举考试时，射术是考试的主要内容之一。射术高超的武举人待遇优厚，朝廷会给予授官减磨勘的优待，也就是职场升迁减少考核期。

军事领域以外，射箭在宋朝的民间也有不少紧随者，这些爱好者甚至成立的自己的组织——弓箭社。这种组织从某种程度来说也是民间武装力量，苏轼因此上书提醒宋哲宗，说河朔西路一带，自澶渊之盟以来，百姓自相团结为弓箭社，无论家业怎样，每家都出一个人，还推举家资丰厚、武艺出众者为头目。他们带弓而锄，佩剑而樵，极有可能发展成与政府抗衡的民间组织。

边疆地区人们自发加入弓箭社，入社要求不高，入社者只需各置弓一张，箭三十只，刀一口，还可以配备枪、棒。在乡村基础上建立的弓箭社很快就遍及了河北北部广大地区。据统计，当时他们有弓箭社五百八十八社，六百五十一伙，共计三万多人。规模之大，出乎想象。

苏轼的提醒起了作用，政府出于防患于未然的考虑，招募弓箭社的武装力量来参与保卫宋朝的边疆，并出台约束弓箭社的法令。

与边疆地区的社团不同，宋朝城市中喜欢射箭的人组成的射箭组织，比如锦标社，一般都是出于娱乐而组建，他们的主要活动就是平时切磋技艺，或者在娱乐场所进行射箭表演，休闲的味道比较浓厚，这也和当时宋朝城市的社会生活氛围有着直接的关系。

精准协调的刺激
——球类

足球

《水浒传》写高俅第一次见到宋徽宗是这么写的："高俅看时，见端王头戴软纱唐巾；身穿紫绣龙袍；腰系文武双穗条；把绣龙袍前襟拽起扎揣在条儿边；足穿一双嵌金线飞凤靴；三五个小黄门相伴着蹴气球。"当时的宋徽宗还不是皇帝，正在和小厮们踢球。

活该高俅走运，足球落到了他脚边，足球技术不错的高俅使个"鸳鸯拐"，把球踢还端王。从此，他的命运改变了，甚至可以说因为后来宋徽宗任用高俅、蔡京等佞臣，北宋的命运也就此改变了。

足球，古代叫蹴鞠。到宋朝时，蹴鞠的规则和技巧已臻成熟，上至皇室、臣僚，下至黎民百姓、垂髫小童都喜爱蹴鞠。蹴鞠运动中心也从唐代的长安、洛阳移到了当时世界上最大的城市、人口过百万的汴梁，南宋时移到临安。

宋朝足球较前代的发展，首先体现在制球工艺的进步。《蹴鞠谱》中描述，其原料是“香皮十二”“香胞一套”“熟硝黄革，实料轻裁”。用十二片皮做球，比唐代的八片皮更接近圆形。工艺是“密砌缝成，不露线角”，也就是缝好后翻转，球壳的表面不露线头，叫做里缝法。球的重量也有了标准，“正重十四两”。

宋朝足球运动在硬件上的另一个值得炫耀之处，是他们不再用嘴而是用“气筒”给球充气。当时打气还有要领，叫做《打揎诀》：“打揎者，添气也。事虽易，而实难，不可太坚，坚则健色（足球的雅称）浮急，蹴之损力；不可太宽，宽则健色虚泛，蹴之不起；须用九分着气，乃为适中。”揎是一种皮制的小型鼓风器，原本用于冶炼。宋朝人不仅善加利用，而且颇有心得，说给球充气不可太饱。太饱球跳得太快，踢着费劲不好控制。也不可太软，太软球疲沓，踢不起来。给球灌九成气最为合适。

蹴鞠运动的普遍开展，需要大量的用球。汴梁城东南角的瓦市勾栏中，不仅有大量蹴鞠表演艺人，也有不少专卖蹴鞠的皮匠铺。

宋朝不仅有专门制球的作坊和商品球，还出现了大量足球品牌。《蹴鞠谱》中就记载有六锭银、虎掌、侧金钱、八月圆、旋螺虎掌、曲水万字、满园春、葵花、天下太平、风调雨顺、六如意等品牌。

《蹴鞠谱》里还专门收录了一首评价各种品牌球的词：“梨花可戏，虎掌堪观，侧金钱缝短难缝，六叶桃样儿偏羡，斗底银锭少圆，五角葵花多少病，得知者切莫劳用。”

这段文字堪称当时的“精品购球指南”，大意是说，梨花和虎掌这两个牌子的球好看耐用，侧金钱牌的做工不行，六叶桃样子最好看，斗底和银锭牌的圆度不够，五角和葵花牌的毛病多，千万不能用。

品牌众多，说明当时对球的需求量很大。不同品牌之间也存在竞争，这促使足球工艺进一步提升。宋朝的一些足球品牌流传久远，到了元代仍然存在。关汉卿有一首专门写女足球艺人的《女校尉》，说“锦缠腕，叶底桃，鸳鸯扣，入脚面带黄河逆流。斗白打赛官场，三场儿尽皆有”。元末明初的杨维桢写有《蹴鞠篇》，提到“江南女儿花娟娟，五彩绣出葵花圆”。叶底桃、葵花都是宋朝就有的足球牌子，能坚持到元末，是名副其实的百年老字号。

除了球，宋朝蹴鞠需要用到的另一种设备是球门架。那时的球门架是活动的，可以临时安装，用完了撤走。球门设在场地中央，首先要立起两根高三丈二尺的竹子或木头柱子，两根柱子相距九尺五寸，顶端结网，网中间留有球门洞，当时叫做“风流眼”。

唐朝皇宫里就有踢球的传统，到了宋朝变本加厉。而且皇帝不论干得好坏，都喜欢蹴鞠。其中既有开国两任皇帝赵匡胤、赵光义，给岳飞平反、缔造“乾淳之治”的宋孝宗，也有奢靡无度的宋徽宗。

开国之初，赵匡胤等一帮打天下的君臣，特别喜欢蹴鞠运动。著名的《宋太祖蹴鞠图》，画的正是他们。此原画失传，作者是汴梁人苏汉臣，北宋末年在皇家画院工作过。现在上海博物馆的同名画，是宋末元初钱选的临摹之作。画中有六人，宋太祖赵匡胤、宋太宗赵光义和大臣赵普、党进、石守信、楚昭辅围在一起踢球，玩法是不用球门的“白打”。

宋太宗时，张明在河北定州任有军职，善于踢球。他的同事王荣不体恤下情，并且不孝顺。张明经常指责他，导致王荣的厌烦。

王荣的好友王斌知道后就诬告张明，官方调查后发现并无凭据。后来，宋太宗听说此事后大怒，因为他和张明一起踢过球，还了解张明虽出身卑微，但洁身自好，宋太宗赏赐给张明一大笔钱，将王荣调到了其他岗位。

至于宋徽宗赵佶，通过《水浒传》大家都知道他是个大玩家，字写得好，画作得好，球也踢得好。他看了宫女踢球后写了一首《宫词》，说“近密被宣争蹴鞠，两朋庭际角输赢”，在后世足球研究文章中引用率居高不下。

皇室对蹴鞠的喜爱，也使蹴鞠被列入朝廷宴会表演的礼制之中。宋朝沿用了唐朝教坊司的办法，设有专门机构管理蹴鞠艺人，外交场合的宴会上通常都有蹴鞠表演。当时宫廷中的蹴鞠艺人平时在左右军中生活，遇到大型宴会，就按照节目表安排到场演出。

当时，官方机构若来不及安排人手，还可临时选派民间职业艺人参加，但宴会中要遵守礼数，由教坊司派人提前给他们做礼仪培训。

宋朝足球的比赛规则和今天差别很大，或者说难度更大。一方开球，要在本队队员中传踢几次，将球传给己方球头，由球头施展临门一脚。如果球头没有把球踢过球门洞，球撞在网上落下来，只要本方队员接住球不落地，比赛就继续进行。任何一方的射门飞出场地，或者射门落网没有接住，就算输。最后赢了的队伍，会被赏赐银碗和锦缎。

球头的责任也很大，赢了受赏，赏赐是大家的，输了则由球头独自承担后果，挨鞭子不说，脸上还要抹白粉，吃饭时不给添荤菜。这种奇特的奖惩办法应该是宫里的规矩。在民间，《蹴鞠图谱》

中只提到对获胜球队的奖励，“众以花红、利物、酒果、鼓乐赏贺焉”。

在宋朝，不用球门的蹴鞠也非常流行，俗称“白打”，从一人到十人都可以玩，对场地要求不高，可以随时在平坦的场地展开。

“白打”虽不用球门，可是并不简单，根据踢球人数分不同“场户”。

一个人踢，就是一人场户，是个人控球能力的表演，除了脚，头、肩、臀、胸、腹、膝等部位都可以触球。使球高起落下叫做“飞弄”，使球起伏于身上叫做“滚弄”。

二人场户是两人对踢，也有很多种玩法。每人连续踢两脚叫“打二”。如果嫌难度不够，第一脚可以加一个空中停球动作，叫做“捻”，第二脚再传出。两人还可以同时对踢两个球，叫做“日月过宫”。

三人场户叫官场，这也是从唐至明代都比较流行的玩法。有按顺序传球的，叫“转花枝”。也有随意传的，叫“三不顾”。

再往下，人越多，踢法也越复杂。四人踢叫流星赶月，五人踢叫小出尖，六人踢叫大出尖，七人踢叫落花流水，八人踢叫八仙过海，九人踢叫踢花心，十人踢叫全场。

马球

蹴鞠堪称宋朝的国球和第一运动，另一项球类运动——马球在宋朝也很受欢迎。

马球在宋朝又称为“打毬”或“击鞠”“击丸”。马球运动在宋朝不仅只是专属于帝王将相的贵族运动，更是军营将校的军训活动，甚至发展成为民间的娱乐项目。

宋朝的皇帝爱运动，有史料记载，宋太祖、宋太宗、宋仁宗、宋神宗、宋徽宗、宋孝宗、宋光宗、宋宁宗等都十分重视和喜爱马球运动，经常参与马球比赛。

《宋史》记载了宋太宗亲自与诸王大臣们打马球的盛景："帝击球，教坊作乐奏鼓。球既度，飐旗、鸣钲、止鼓。帝回马，从臣奉觞上寿，贡物以贺。赐酒，即列拜，饮毕上马。帝再击之，始命诸王大臣驰马争击。旗下擂鼓。将及门，逐厢急鼓。球度，杀鼓三通。球门两旁置绣旗二十四，而设虚架于殿东西阶下。每朋得筹，既插一旗架上以识之。帝得筹，乐少止，从官呼万岁。群臣得筹则唱好，得筹者下马称谢。凡三筹毕，乃御殿召从臣饮。"

宋徽宗对马球运动的最大贡献是组织成立了技艺高超绝伦的宫廷女子马球队，而且每到佳节都组织女子马球比赛给百姓们观赏。这使得宋朝马球运动的影响与观众基础大幅度扩大。

马球运动在南宋时也十分兴盛甚至发展壮大，宋孝宗就是一个痴迷于马球运动的人，他时常驾临御球场，不仅让武士们打马球，还命令太子一起参与。宋孝宗痴迷于马球，甚至风雨无阻，用油布遮雨，以细沙垫球场，坚持与诸将一起比赛马球。马球运动对抗激烈，壮马奔飞，鞠球电驰，是一项十分危险的运动。群臣们因担心宋孝宗受伤，屡次上书，请求他不要从事这项高危运动。而宋孝宗根本不听，以至因打马球而使眼睛受伤。

宋孝宗还命令各地兵营开展马球运动。大诗人陆游曾在南郑的军中服役，他多次写诗回忆、赞美当时军营开展的热烈的马球运动，如："从军昔戍南山边，传烽之照东骆谷。军中罢战壮士闲，细草平郊恣驰逐。洮州骏马金络头，梁州球场日打球。”再如：“打球骏马千金买，切玉名刀万里来。”这些诗足以证明当时马球运动的空前盛况。

宋朝马球发展到民间，是唐代所没有的。东京汴梁就有专供人们比赛马球的场地。

东京汴梁正月十五元宵节，临安城百姓八月观潮，都有马球表演，增加了节日欢庆的气氛。南宋临安城还出现民间的马球团社“打毬社”，这些都是宋朝城市平民马球运动盛行的证明。

真正实力的较量
——相扑与武术

相扑

不少人认为相扑是日本的国技，可是在千年以前的宋朝，相扑就是当时流行度非常高的一项竞技运动。

宋朝的相扑，又称为角抵或争交。和马球一样，宋朝的相扑也起源于军营，相对于马球而言，相扑因为全靠身体的接触进行搏击，场面要更为激烈。

宋太祖领军打仗时，为了训练官兵们的身体素质，提高作战素养，时常会在军中举行相扑比赛，胜者会获得钱物和升职的赏赐，这激发了将士通过体育锻炼提高身体素质的斗志。

统一政权之后，宋朝仍然继续执行这条规定，皇帝时常从地方上征召勇武之士，专业培养相扑高手，并且把他们的身份划归军队建制。

相扑强身健体，有利于军队战斗力的提升。南宋著名将领岳飞和韩世忠在军营中以相扑之法训练士兵，军中相扑比赛也是常事。比赛的获胜者，另册登记，军中押队“旗头”缺员之时，便从登记册中选用。这些士兵之间，再次比赛获胜者，即可有副将之衔。

岳飞、韩世忠的军队，有亲随军的设置，其中军士，个个强健刚猛，气魄非凡。被选拔进亲随军的军士，都会得到优厚的犒赏，这更增加了军中将士相扑健身的热情。亲随军冲锋陷阵，势如破竹，强敌难当，因此岳家军、韩家军成为南宋最为精进的部队。

皇帝尤为赞赏这种通过相扑角力选拔人才的方式，天子身边就有“内等子”，皆是从军营里选出的威武之士，因严于标准，一次至多一百二十人。他们日夜苦练，只为在之后的相扑升级赛中赢得干脆，获得等级不等的职位，而皇帝本人也乐得做这种选拔比赛的主持人。

开国之初，有一件关于相扑的趣事：士子陈识斋和王嗣宗同时进入殿试，不分伯仲。太祖赵匡胤于是想出通过相扑一决高下的想法，可谓文科生干了武科的事，最终陈识斋在相扑比赛中遗憾出局，状元自然让与王嗣宗。

这事虽有些滑稽，但也确实证明了相扑在皇帝心中的重要性。宋高宗在观看比赛后，对于优胜者也是不吝封赏职位和财物。在皇帝主持的比赛中可以决定未来的前途和生活水平，因此激烈程度有骇人之风，于是有人用诗句来形容：“疑是啸风吟雨处，怒龙彪虎角亏盈”。

国家庆典等重大活动，外交盛宴之上，常规性的节目也有相扑角力。“角抵罢时还罢宴”正是指此事，如果相扑节目仿佛显得不够隆重气派。

皇家相扑手可以有着常侍这一职位，伴随皇帝行走各处，既增添了皇家的威严之势，还有一个作用自然是有保镖的功能。

皇室的提倡，民间也就有了习练相扑之术的风气。六名考生自吴兴往东京赶考，晚上行至汴河大堤，被几个持刀强盗拦截。有一位平日就勤练相扑，有“霍将军”绰号的考生，挡在同伴们身前，毫不客气地还击。因为他平时练习相扑之时，懂得膝盖是人的脆弱部位之一，于是用手中短棒击打强盗膝盖，结果强盗们一一倒地不起，一时传为笑谈。

民间的相扑手众多，其中很多以在瓦市勾栏中进行表演谋生。为了增加娱乐性和票房，他们时常用滑稽可笑的动作姿势招徕人们观看，这种表演方式又叫“乔相扑”，通常观者如堵。

宋朝的笔记记录了当时最为出名的相扑高手，有撞倒山、铁板踏、宋金刚、曹铁凛、周急快、杨长脚、金重旺、韩铜柱、郑排、广大头、黑八郎、盖来住、武当山、一拔条等，个个技艺都有非凡之处。

相扑手中那些有名的人物，常常会被冠以“某关索”这样的名号。关索是三国时关羽之子，貌美体健，武艺高强，想来一定是相扑手们的偶像，被称为“某关索”，肯定是一种认可与赞扬。《水浒传》里杨雄的绰号就是“病关索”，应该有一定的相扑搏击本领。

在娱乐性的相扑表演赛上，观众可以见到相当香艳的场面，那就是女子相扑。

女子相扑在当时堪称京城的一绝，是最能吸引看客眼球的一项娱乐表演，因为物以稀为贵。与说书唱戏不同，相扑是个力气活儿，极具竞争性，“赛关索”“嚣三娘”“黑四姐”……这些粗犷的女相扑士的艺名就足以引人好奇，再加上硕大无比的身体相互角力，而且是赤膊上阵，在那个还没有比基尼模特比赛的时代，想不叫座都难。

当时的女子相扑多安排在男子相扑前进行，主办方的目的很明确，打女人牌热场子、聚人气。效果确实好，身怀绝技的“女飐”（女子相扑手）们往擂台上惊艳一立，立马会惹来成群的看客。

从出土的宋朝相扑陶俑、宋墓壁画的相扑图来看，男相扑手都是只穿一条短裤，戴着头巾，脚穿靴子，赤膊光腿，展露出矫健的肌肉。女相扑手身穿短袖无领的服装，袒胸露腹。这些女相扑手个个轻装上阵，引得市井小民里三层外三层地争看稀罕不足为怪，因为他们原本就见识少，可是见多识广的皇帝也不顾高贵身份来凑热闹，就有些令人费解了。不过费解归费解，宋仁宗就是不顾世俗开眼界来了。

一年元宵节，仁宗和后妃到宣德门广场与民同乐。当时，广场上正进行热闹的百戏表演，仁宗无意中发现了火爆的女子相扑表演，一下来了兴致，于是全神贯注观看起来。“女飐”们的靓丽风采和精湛技艺打动了仁宗，他当即指示对这些选手赐银绢予以奖励。皇上的赏赐令选手们振奋不已，表演更加卖力，精彩桥段不时出现。

巾帼力士们的相扑秀让仁宗皇帝着实受用了一回，但却激怒了一位颇有名望的大臣——司马光，老先生认为仁宗此举是在支持有伤风化的民间行为，于是愤然递上一道折子《论上元令妇人相扑状》，对仁宗皇帝的“不检点”提出公开批评，并强烈建议有关部门加强市场环境治理，对此类伤风败俗的演出开展一次集中的取缔行动，严令“今后妇人不得于街市以此聚众为戏”。

司马光的批评建议让仁宗不好反驳，毕竟司马光说的符合当时的礼法，仁宗也就作罢，不再去观看。

皇帝不看女子相扑了，民间的女相扑表演却并未受到限制，南宋临安的瓦舍勾栏内，一直都有女相扑比赛。《梦粱录》和《武林旧事》收录了临安瓦舍中最著名的几位女相扑手的名号：“赛关索”“嚣三娘”“黑四姐”“韩春春”“绣勒帛”“锦勒帛”“赛貌多”“侥六娘”“后辈侥”“女急快”等。这些女相扑手跟男相扑手一样，在瓦市勾栏中打响了名头。

武术

宋朝战事频发，传统武术无论在军中还是民间都得到推崇。当时的武术最常见的是枪、刀、剑和棍棒等持有器械的项目，毕竟手中有武器，在攻击和防卫的功能上更为当时的环境所需要。

枪是宋朝军队常用的武器。为制造大量兵器，朝廷设置军器监等专门制造机构，官营兵器工场制造枪的数量规模颇大。

宋朝军队里的优秀士兵一般都是熟练使用枪的高手，比如“淮东敢死军多系枪叉手，淮西忠义军民兵多系枪刀手”。军队中甚至规定弓弩手和骑兵都配备枪，可见枪在战场上的重要性。

刀，因其携带方便，可以防卫或进攻，是宋朝人喜欢用的一种武器，型制小的刀更容易携带，因此无论是弓弩手、枪牌手都会在腰间携刀以备不时之需。

与枪、刀有所差异的是，剑在宋朝多为礼仪用具或者身份的象征，作为兵器使用已经比较少。因此，宋朝的剑多装饰华丽，往往镶有银铜等物。剑有时也被用来作防身武器，不过这种剑要短小厚重一点。兵器监制造大量武器，其中也生产一部分剑，但剑不作为主要的军事兵器，所以产量不是很多。

宋朝有一种剑舞，主要在宴会上进行表演，尤其在招待外国使者时，剑舞也可以看作一种炫耀武力、震慑敌方的行为。

棍棒的杀伤力相对于枪、刀要弱一点，但仍然有它独特的用处，所以宋朝的兵器种类中也有棍棒。常见的棍棒用木制成，长四五尺，有的棍棒上裹着铁，有的棍棒棒首有刀，还有的棍棒上镶有钉子，即狼牙棒。

冷兵器时代，民间素来有高昂的尚武之风，到了宋朝尚武氛围更为浓厚，使得传统武术上升到一个新的阶段，武术作为一种社会娱乐活动，已经独立存在，不仅有专业表演武术的艺人，他们甚至还成立了专业组织比如“英略社”，表演也已经形成套路。

与为战争而训练的实用性武术不同，娱乐性质的武术表演更讲究精彩激烈的场面。

在《梦粱录》等史料的记述中，宋朝的武术表演主要有剑棒格斗以及刀枪与盾牌对阵、徒手夺刀等攻守技艺。刀枪与盾牌对阵时，“两人出阵对舞，如击刺之状，一人作奋击之势，一个作僵仆”；刀棒对打时，格斗双方用黄、白粉分别涂脸，两边各人手执木棹刀，成一字排列，两两出阵格斗。

很显然，这种表演性质的武术强调的并非实战性，更多的是已经编排好的套路，但从另外一面来说，它也丰富了宋朝人的业余生活。

落在民间的游戏
——民俗体育

体育运动可以强身健体，有利于身心健康发展，宋朝人对此早有认识。苏轼就主张劳逸结合、运动养生，他说“是故善养身者，使之能逸而能劳，步趋动作，使其四体狃于（习惯于）寒暑之变；然后可以刚健强力，涉险而不伤。”

宋朝民间的体育运动，多与娱乐有关，多与节日世俗有关，不仅丰富了宋朝的社会生活，许多民俗体育流传至今，仍是人们喜爱的健身和娱乐休闲方式，比如荡秋千、放风筝、拔河、龙舟竞渡与踢毽子等。

秋千

秋千最开始仅是一根绳子，双手抓绳而荡，发展到后来逐渐演化成用两根绳加踏板，宋朝时成为专供妇女、儿童玩耍的体育游戏，以练习轻捷、矫健之态。

荡秋千时，人们犹如在空中飞舞，姿态优美，所以秋千也被人们称为半仙戏。

宋朝人主要在寒食前后进行秋千娱乐活动，路边常常有秋千供人玩耍。宋朝人在描写春日美景的诗文中常有秋千的身影，比如《东京梦华录》里记有：“举目则秋千巧笑，触处则蹴鞠疏狂”。南宋俞国宝有词曰：“红杏香中歌舞，绿杨影里秋千。暖风十里丽人天，花压鬓云偏。”张先诗云：“隔墙送过秋千影。”女词人李清照在词中也有描述秋千：“蹴罢秋千，起来慵整纤纤手。露浓花瘦，薄汗轻衣透。”

宋朝还有一种水秋千运动，即在水上玩的一种秋千。这种游戏的玩法是待秋千荡到最高处时纵身跳入水中，与现代的跳水运动极为相似。水秋千增加了秋千的难度，不仅要求人们荡的高，还有高空跳水过程中的惊险刺激。

风筝

放风筝是宋朝民间一项很常见的休闲体育活动。风筝在宋朝的称呼有不少，比如纸鸢、风鸢、纸鹞或鹞子。宋朝时，在日常休闲生活中大人孩童都会以放风筝为乐，文人雅士看到风筝飞入云霄也赋诗以言志，如杜范在《戏赋段桥风筝》写道：“段桥牵纸鹞，儿戏亦关心。风快应难挽，云高径欲侵。人夸无限力，身直不多金。说与须知道，明朝不似今。”

王令在他的《纸鸢诗》中写道：“谁作轻鸢壮远观，似嫌飞鸟未多端。才乘一线凭风去，便有愚儿仰面看。未必碧霄因可到，偶能终日遂为安。扶摇不起沧溟远，笑杀鹏抟似尔难。”

田锡在年少时曾在洪雅城东的白苹洲放风筝，数十年后仍念念不忘，作《风筝歌》来怀念家乡景色及少年美好时光，诗中有这样的描述："白苹洲暖春风生，画楼槛上争筝鸣。铿锵节奏急复慢，空中一部天乐声。"

《武林旧事》中记载，宋朝坊市中有将风筝作为商品出卖的，并且有专门的制作风筝者，甚至还有专门放风筝的民间艺人："放风筝：周三，吕偏头。"少年们在放风筝时会进行比赛，主要是将各自的风筝互相缠绕，线先断者即为输："桥上少年郎，竞纵纸鸢，以相勾引，相牵剪截，以线绝者为负，此虽小技，亦有专门。"

拔河

拔河是一项古老的运动，相传始于距今 2 400 年前春秋时期的楚国。楚国水道纵横，除陆军外，还有一支强大的水军舟师，并发明一种称之为"钩拒"的兵器，专门用于水上作战。当敌人败退时，军士以钩拒将敌船钩住，使劲往后拉，使之逃脱不了。后来钩拒从军中流传至民间，演变为拔河比赛。

宋朝时，拔河采用大麻绳，绳长一般四五十丈，拔河人员分为两队，中间立红旗为界以进行斗力，和现在的拔河规则差不多。

拔河活动一般在春季进行，也寄托了一些美好的希望：对春雨的祈求，对丰收的渴望，拔断天河使之灌注人间。《舆地纪胜》中描述宋朝归州地区拔河时说"以定胜负而祈农桑"，可知宋朝人拔河活动中也有这样的吉祥寓意。

龙舟比赛

龙舟比赛又称为竞渡，在中国有着悠久的历史。屈原投江而死时人们以舟楫救之，后演变成龙舟比赛的习俗。

竞渡比赛在宋朝的端午节进行得很红火：“荆楚之间，五月盛集，水嬉则竞渡，街坊则相搏为乐。”竞渡比赛的舟艇，又叫飞凫、水车、水马，以此形容它的速度很快。

为加强水兵训练，增加水战能力，北宋在金明池，南宋在钱塘江，朝廷会举行水军演习，后逐渐变为正式水军训练项目，其中自然考验水军的竞渡水平。皇帝也会亲临现场观看水军演习，普通百姓也会在岸边鼓掌呐喊助威。

《梦粱录》里记载了在西湖举行比赛的热烈场面：在锣鼓喧天声中，快捷的小舟争抢立于湖中的标杆，标杆上挂着的锦彩、银碗等奖品，比赛人员头簪大花，戴着卷脚帽子，身着红绿戏衫，衣着十分抢眼。比赛时，抢到锦标者会得到犒赏，其余的也会得到钱、酒的奖励。

《武林旧事》中也记载，龙舟比赛时，男女老少在西湖两岸骈集，人多得几乎没有落足之地，可见当时的龙舟比赛盛况空前。

踢毽子

踢毽子是中国民间体育活动之一，简单易行，所以开展得很普及。在宋朝，踢毽子是小儿很喜爱的游戏。宋朝踢毽子还吸收了蹴鞠的许多踢法，踢的花样更加丰富，有边跑边踢之法，且不光用脚踢，还用膝、腹、头耍弄毽子，名曰“耸膝”“突肚”“佛顶珠”等。

由于踢毽子的人很多，还产生了以卖毽子为生的小商业。南宋周密列举了首都临安城里经营各种玩具的小商业，如风筝、粘竿、毽子、鹁鸽铃、弹弓等，并指明：“每一事率数十人，各专藉以为衣食之地。”经营制作毽子的人数不少，以制作毽子为生，从另一个侧面反映了踢毽子运动在宋朝的普及。

民俗体育运动在宋朝参与者众多，说明当时体育不再只是帝王将相和军队的专属，开始走入民间为普通百姓服务，成为全民的健身和娱乐休闲方式，这也是宋朝全民盛世的一个标志。

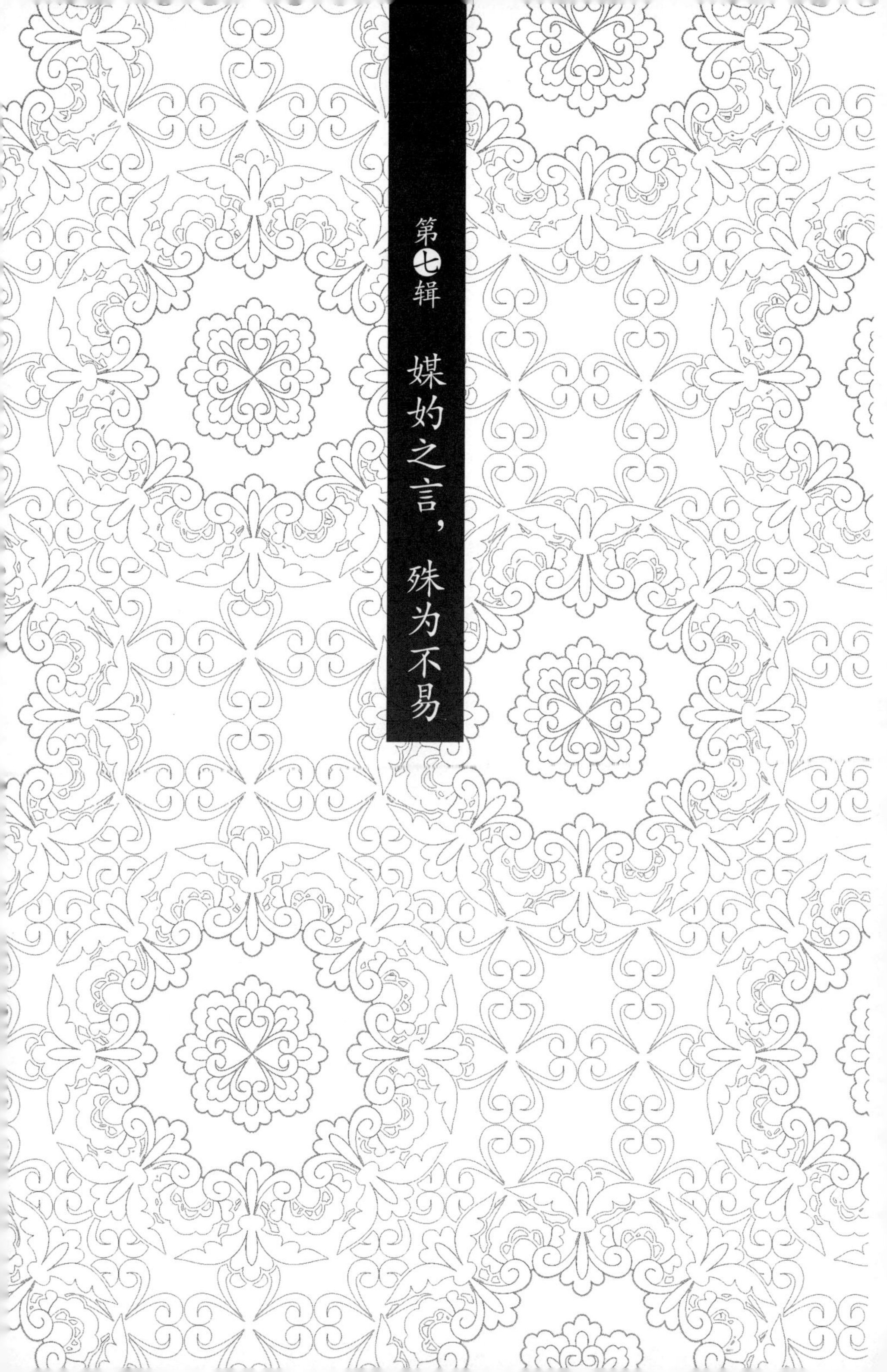

第七辑

媒妁之言，殊为不易

“父母之命，媒妁之言”，宋朝的单身人士并不比今天轻松。“幸福的人都是一样的，不幸的人各有各的不幸。”宋朝的婚姻，也是如此。

礼制缔结的利益
——宗室婚姻

修身，齐家，治国，平天下，是古人对完美人生轨迹的高度概括和追求。其中，齐家就是一个人在成年后不得不面临的问题：婚嫁。

一个时代有一个时代的择偶标准，婚姻观念可能千差万别。同时代的各个阶层，婚姻观念和择偶标准也不尽相同。在宋朝，婚嫁遵循的择偶标准是“不问阀阅，注重门第”。

阀阅和门第，说到底是一回事，都是等级制度下的门第观念，当然他们在宋朝也有着明显的不同。

宋朝之前，上层社会缔结婚姻，要看对方是不是门阀世家，查查族谱，问一问上几辈人是不是贵族。社会中产生的新贵，并不被门阀世家视为平等，这就是所谓重“阀阅”。

宋朝科举制度的兴盛，造就了一批出身社会中下层的官僚，国家的重用和高薪高福利低风险，使得他们前途远大。宋朝的上层社会承认他们的地位，不问他们的过去，只问他们的现在和将来。这些新贵拥有被承认的“门第”。宋朝的武将，因为以荫补和军员转补为主，和宋朝是一起成长的，即使他们的祖辈不是显赫的权贵，也属于被认可的“门第”范畴。与此同时，传统的门阀世家在宋朝已经势单力薄，逐渐没落。一个破落的贵族之家，是没有被上层社会认可的所谓“门第”的。

皇室里的子女，到了法定结婚年龄，婚嫁便被作为一件重要的事情提上议事日程。

宋朝的皇室择婚偏爱武将集团，这是一种风气，也是一种祖宗家法。以北宋为例，北宋一共九位皇帝，共产生十七个皇后，其中十四个有武将家庭背景，比例达到八成以上。

皇室与武将集团联姻，表现在两个方面：一是皇亲国戚娶武将之女为后妃；二是武将之子娶皇室之女。

这种联姻，显然充满了浓厚的政治色彩。冠冕堂皇来讲，这叫门当户对；私下来说，皇室和武将都是一个大家庭的，彼此之间会互相关照。

这种选择确实有实际的政治效果。宋太祖赵匡胤是身为武将从后周手中夺取的政权，而两宋 320 年，却没有名将起兵造反，让政权亡于内乱的。

皇室婚姻看似门当户对、风光无限，但都是以利益为主导，即使皇帝本人要立个皇后，也殊为不易。

宋仁宗娶了平卢军节度使郭崇的孙女并立为皇后。后来他把郭皇后废了，想要立一个姓陈的富商之女为后，结果遭到众大臣的一致反对，核心意思是这样会坏了祖宗家法。宋仁宗只好册封已故枢密使、大将曹彬的孙女为皇后。

宋真宗还是太子时，娶了大将潘美的女儿为妃。潘妃去世后，真宗又娶了宣徽南院使郭守文的女儿。登基后，真宗立郭妃为皇后。这两位皇后都是武将之女。真宗的第三位皇后刘氏，出身低贱，本是蜀中歌舞之女。但刘氏被封为皇后之后，也编造了自己出身将门的说辞，否则也实在应付不过去。这说明，至高无上的皇帝本人，在这种婚姻规则中，也不得不低头，无论是否符合自己的意愿。

如此严苛的规矩，都是从皇室男性成员角度来讲的。皇室中的女性，在择偶时会根据身份不同有所区别。

跟皇帝有血缘关系的公主，婚姻门第的要求很严，通常都是嫁给武将之子或士大夫之家。但对于和皇帝同宗的女子，择婚上和公主就有所不同。

宗女的婚姻，门第要求没有公主那么严格，但是禁止论财而择婚。宗女出嫁可以考虑品行仁义的君子。但是后来有些宗女和皇帝的关系疏远，生活实在困难而选择富商之家，朝廷也就睁一只眼闭一只眼。

皇室对宗女总体还是优待的，因为宗女是一种政治财富，一种政治资源，是皇帝巩固自己利益的工具。宗女的婚姻带有很强的政治功利性，甚至可以用宗室卖婚来比喻。

娶了宗女之人，或升官或发财，用“一人得道，鸡犬升天”来形容并不为过。本来就富裕的家庭，通过迎娶宗女，和宗室联姻，获得一官半职，对自己的财富进行庇护，家境更加殷实，权力也越来越大。

宗女之夫在宋朝往往接着特殊的身份为自己谋利。兴化县尉胡滋娶了宗女为妻。他说自己梦见一个穿着紫色衣服的人，自称是王安石的儿子托生的。不久之后，他的妻子果然生下一个儿子。王安石听说这件事后，和夫人专门从京城赶到兴化以求一见。胡滋获得很大的奖赏。胡滋正是凭着宗女之夫的特殊身份才敢如此胆大妄为，胡说八道，连王安石都被他轻易骗了。

“一入豪门深似海”。皇室婚姻总是让人不由自主地想到电影《垂帘听政》和电视剧《甄嬛传》，影视剧演绎的宫斗令人如履薄冰、心惊胆战。但宫斗在宋朝并无太大的发挥空间。

后妃是封建时代比较显贵的一个妇女阶层。在家天下皇位继承过程中，她们在皇室家族中占有重要的地位。尤其是皇后、皇太后、太皇太后以及得宠的妃子，在一定程度上对当时的政治活动都会产生重大影响。其中既有为维护皇室安危而为人称颂的贤妃，也有为一己私欲而祸国殃民的野心家。

历史上后妃参与政治的方式可以分为干政和摄政两种：干政有干预政治，危害皇室之嫌；而摄政却是一种合理参与政治，维护特殊时期朝政的合法手段，有重要的历史地位。

宋朝皇室吸取汉唐的历史教训，注重“治内”。对后妃的要求是“德、阀”并重，也就是说，后妃的贤德和门第一样重要。皇室严防后妃干政，严格限制宫内与宫外的关系。朝廷大臣可以干涉宫人的挑选和后妃的废立，建立起一套比较严密的管理监督制度。

宋朝后妃即使在特殊情况下摄政，也有一个特点，就是重用大臣，而不是外戚。制度上规定，后妃摄政在特定时期是合法的。但是后妃必须谨记恪守：只能重用大臣，而不是自己的娘家人，否则将被从摄政的位置上拉下来。

宋仁宗即位的最初十一年，太后刘氏垂帘听政，意欲弄权但最终失败，就是这种严密的管理监督制度发挥的作用。

宋朝一共有九位后妃十次临朝听政，比如宋仁宗的曹皇后、英宗的高皇后、神宗的向皇后、哲宗的孟皇后等都有过垂帘听政的经历，但都没危及到宋王朝的统治。

宋朝皇室缔结婚姻，都会用盛大奢华的婚典来昭告天下。

史料记载了宋理宗的独生女儿、周汉国公主婚礼的流程和场面。从公主的封号可以看出，这位公主的地位非同寻常：封了周、汉两国。宋朝的公主，只有特别受皇帝宠爱的，才会有此待遇。因此，婚礼的一切细节都马虎不得。

首先要择定一个适宜结婚的吉日。皇帝派出使者宣召准驸马晋见，并赏赐玉带、靴子、尘笏、马鞍，还有红罗一百匹、银器一百对、衣料一百身、聘礼银子一万两。赏赐过后，皇帝还要设宴款待，宴席是比较高档的九盏规格。席间，皇家乐队在一旁奏乐助兴。宴会结束，准驸马向岳父皇帝谢恩完毕，乘坐披挂着绘有涂金荔枝花图案的鞍辔，和金丝猴皮毛制成的坐褥的骏马，手执丝线编织成的鞭了，头上打着三檐伞。五十人组成的皇家乐队在前边奏乐开道。驸马在众人的簇拥下回到自己的家。与此同时，公主的陪嫁物品，也由太常寺行文有关部门，进行采买置办。

在婚礼举行前一个月，皇帝下令执政的宰相穿着便服，去后殿西廊，察看公主的陪嫁物品，有装饰着珍珠、九只五彩锦鸡、四只凤凰的凤冠一顶，绣着雉鸡的华美衣服一件，珍珠玉佩一副，金革带一条，有玉龙冠、绶玉环、北珠冠花梳子环、七宝冠花梳子环、珍珠大衣、半袖上衣、珍珠翠领四时衣服、累珠嵌宝金器、涂金器、贴金器、出行时乘坐的贴金轿子等物品，还有锦绣绡金帐幔、摆设、席子坐褥、地毯、屏风等物件。

婚礼当天，参加迎亲送亲的队伍，至少有四五千人，花团锦簇，车水马龙。驸马着便服，佩玉带，骑马到和宁门。在那里驸马换上官服，到东华门，用象征忠贞的大雁、币帛等作为聘礼，亲自到公主的住处迎娶新娘。这时，公主是头戴九翚四凤冠，身穿绣长尾山鸡、浅红色袖子的嫁衣，坐上没有屏障的轿子，在驸马的引导下，向着驸马府出发。

新娘轿子的前方是有天文官，按照公主身份所应配备的陪嫁物品与仆人，蜡烛灯笼二十副，相应使臣，头插钗子的童子八人，方形扇子四把，圆形扇子四把，引障花十盆，提灯二十个，行障，坐障。皇后亲自送行，乘坐九龙轿子，皇太子骑马。公主后边，是掌管皇族事务的宗正寺长官荣王赵与芮，他也是宋理宗的弟弟、公主的叔叔，荣王夫人以及其他达官贵人的夫人也跟在其后。

迎送新娘的队伍到了驸马府，举行皇帝赏赐的九盏宴会。宴会结束，皇后、太子先回宫。公主回到自己的位置，行新婚夫妇同食之礼。礼毕，公主行侍奉公婆盥洗进膳之礼。拜见公公婆婆的时候，公主要递上名片一张，衣服一套，手帕一盒，梳妆用的小匣子，香皂袋，银器三百对，衣料五百身，其他亲戚都有不等的礼物。

婚后第三天，公主、驸马一同进宫谢恩。皇帝这边，又是赏赐礼物，又是在内廷安排宴会。外廷和大臣们按照官职的大小高低，依次上表祝贺。执政的宰相、亲王、侍从和内职管军副都指挥使以上的官员人等，都能得到数量不等的金银钱钞的奖赏。当然，驸马家的亲戚，也按照亲疏的不同，都能得到赏赐的礼物。

拜谢龙恩、山呼万岁的场面，点缀着朝廷内外一派灯红酒绿、喜气洋洋的景象。

前程远大的希冀
——榜下择婿

“却忆金明池上路，红裙争看绿衣郎。”这句诗出自王安石。金明池，就是北宋科举考试后放榜的地方，绿衣郎就是及第的进士。王安石这句诗，描写的正是宋朝“榜下择婿”的婚嫁之风。

科举取士，是宋朝选拔官员的主要途径。在官职升迁速度上，科举及第的官员是其他途径入仕之人所不能比拟的。宋朝的高级官员中，科举出身的占了压倒性优势。北宋的正副宰相，九成来自于科举，南宋的比例更高，正所谓“满朝朱紫贵，尽是读书人”。

在宋朝，读书人卧薪尝胆，寒窗苦读，如果立下誓言“不及第不成家”，不会被嘲笑为书呆子，甚至会博得赞扬和鼓励，有志向的好男儿何患无妻。连宋真宗都在诗中表达了这层意思：“书中自有千钟粟”，“书中自有黄金屋”，“书中自有颜如玉”，“书中车马多如簇”。

宋朝的士大夫官僚，本身就是科举制度的最大受益者。他们对官僚阶层的好处有深切的亲身体会，所以，嫁女儿的时候，自然把目标对准及第进士。首先，他们的女儿可以因此过上富贵的日子，天下父母皆有这样的心愿。其次，进士将来做官、升迁，和岳父一家就是一个利益共同体，好处自不待言。

宋朝商业的发达昌盛，造就了不少富绅豪门。宋真宗时，宰相王旦说，当时京城家产在百万贯级别的有很多，十万贯的更是比比皆是。虽然宋朝商人的地位提高了很多，官府对商人也宽松开明，但是他们的地位仍然不能和官员相比。他们嫁女儿的时候，要是能和一位官员结亲，不仅他们的财产能得到保护，将来做生意也更有方便之门。

在种种合力下，进士成为宋朝最吃香的择偶对象也是自然。高学历固然在婚姻市场有着巨大的吸引力，可是毕竟属于稀缺资源，因此对进士的争抢呈现出空前激烈的局面，甚至到了抛开一切世俗条件比如八字、出身和婚姻状况的地步。

金明池边唱榜完毕，进士们解散的时候，场面就开始失控。达官富绅们领着家丁冲着刚刚属意的目标一拥而上，生怕落后。进士们如同绑架一般，被簇拥着离开。跌跌撞撞地被带到一座座豪宅，进士们要面对这样的场面：对方会苦口婆心地陈述把自己女儿嫁给进士的美好愿望。

有位及第进士，看着也正是意气风发的年纪，抢到他的这家主人把自己的女儿以及家庭条件一一显摆一番，试图说服这位年轻进士成为他的女婿。这位进士也真是心大，刚刚被争抢时，也不见拒绝反抗，此时更是淡定，他鞠躬表示谢意，然后说：“实在对不住，这事我一人还做不了主，得回家跟老婆商量商量。”这幽默倒是幽默，可这番话也太让主人尴尬了。

当然还有更夸张的事。一位历经科考终成正果的名叫韩南老的进士，对前来提亲的人无话可说，只是写了一首诗，诗云："读尽文书一百担，老来方得一青衫。媒人却问余年纪，四十年前三十三。"连七十三的进士都有人来抢做女婿。

《宋史》和《清波别志》记载，宋仁宗年间，有个叫冯京的读书人，在科举考试中连中三元，州试、省试和殿试全都拿了第一名。未婚，仪表非凡。仁宗皇帝张皇后的伯父张尧佐权势正盛。张榜那天，张尧佐派家丁把冯京"绑架"回府了。然后张尧佐拿出一根金带，系在冯京腰间，说："这可是皇上的意思，您得做我女婿。"其实他这是假传圣旨。张尧佐安排了一桌丰盛的酒席，又叫人抬出给女儿丰厚的嫁妆向冯京展示。冯京无动于衷，正眼都没瞧一下，"力辞"。

张尧佐家刚结束，冯京又被另外一家皇亲张耆抢了回家，把张尧佐那一套重演一遍，冯京再次表达了意愿，"固辞"。后来冯京做了德高望重的宰相富弼的女婿，自己最高职位也官至宰相。

殿试之前，考生和其他人并不知道是否能成为进士，为了在择婿上占据先机，有的人家也会事前预判，选定女婿，这叫榜前择婿。这是考验眼光的一种选择，宰相李沆就有这样的眼光。他看中了当时一个叫王曾的考生，提前让女儿和他就办了婚事。李沆说判断王曾就算这次不及第，将来也是做宰相的料。王曾没辜负李沆，刚完婚就考中了状元，可谓名副其实的双喜临门。

"云淡风轻近午天，傍花随柳过前川。时人不识余心乐，将谓偷闲学少年。这首《春日》的作者，是宋朝的大学问家和大教育家程颢。程颢在参加科举考试时，就是被当时的御史中丞彭思永榜前择为女婿的。前面提及的状元冯京的岳父富弼，其实也是宰相晏殊榜前择婿选定的。

榜前择婿虽然是先下手为强，但万一失手，已成婚姻事实的女婿没考中进士，就追悔莫及了。榜前择婿的这种风险性，决定了它没有榜下择婿那么普遍。当然也有人想出一个办法，取两者之长，既先下手，又暂时没有婚姻事实，这就是榜前约定，榜后成婚。

有位富豪王生，看中一名叫黄左之的太学生。王生在经济上给黄左之很大的帮助。王生和黄左之约定，如果考中进士，那么就成婚。约定后的第二年，黄左之就进士及第，依约定迎娶了王生的女儿。

宋朝《王魁传》记录了一个故事：山东一个考生王魁偶遇桂英，并得到她的资助，双方约定好，如果王魁考取功名，就回来迎娶敫桂英。两人还在望海神祠前发誓。王魁说立誓如果变心，接受老天的惩罚。结果王魁高中状元，却听从父命，娶了一个崔姓之女。桂英知道后，悲愤交集，挥刀自刎了。王魁于是成为始乱终弃的代表被后人厌恶。

当然，和王魁做人迥然不同的读书人还是有的。

北宋时，刘庭式京城赶考失败。回到家乡时，有人就给他介绍了乡下的一个姑娘做对象，约定了将来的婚事。后来刘庭式进士及第，可惜那个乡下姑娘因病眼睛瞎了，家道也贫穷了。姑娘家知道条件不好，也就没再提这个婚约。这个时候刘庭式不缺追求的人。有人就劝他另作他谋，可刘庭式断然说："我心里已经许下这个誓言，怎么可能违背我的初心呢！"于是和乡下盲女成婚。后来这位刘庭式，在密州还和苏轼做过同事。想来苏轼一定也会喜欢这位人品与才能俱佳的同事。

南宋时，黄龟年还没有考取功名时，十分贫困。当地的县令看中他的才华，愿意等他及第后将女儿许给他。黄龟年荣登红榜之时，这位县令已经去世了，家道没落，家里的东西都卖得差不多了。不仅周围的人劝黄龟年，就连他的准岳母也跟他说："孩子，你还是找个好人家的姑娘做媳妇吧。"黄龟年却正色道："我和准岳父早已立好誓约。他现在去世了，我就违背誓言，那我怎么担当得起一个'人'字？"于是婚礼如约举办。

这两个故事，让人联想到"士"字。士，是中国古代对读书人，对为官的高标准要求。才华学问，只是士的一方面，更重要的一方面是品格气节。虽说，和榜上有名的士子缔结婚姻关系，确实有功利的目的，但谁又能说，这里面不包含对士子从小耳濡目染的那种品格气节的尊重和放心呢？

虽说进士是择偶的吃香人选，但进士并没有那么容易考取。根据史料记载，宋朝进士及第的平均年龄是三十六岁左右，基本上比当时的法定结婚年龄大了二十岁。

宋朝有些女子和家人的择偶观也到了非常固执的地步，非进士不嫁。进士毕竟是少数，宋朝每三年举行一次科举，每届进士及第的也就几百人。僧多粥少，结果就出现了一批耐心等待的大龄剩女。更有甚者，一辈子不降低条件，终身未嫁，比如程颢的女儿便是如此。

以此看来，榜下捉婿，在宋朝真是让几家欢乐几家愁。

庶人遵循的礼仪
——民间婚俗

中国古代民间的婚俗礼仪，是从先秦传下来的，遵循“六礼”：纳采，媒人说合；问名，协商婚事细节；纳吉，订婚；纳征，过聘礼；请期，定婚期；迎亲。

到了宋朝，经济昌盛，中下层的市民活跃了，婚姻礼俗发生了较大变化。南宋的时候，这种变化尤其突出。士大夫们觉得这是破坏祖宗的礼法，于是官府出面颁布了新的婚仪规定。到了朱熹生活的年代，他又说六礼太复杂，应该简化成纳采、纳征、迎亲三礼。规定在变，上层社会的婚礼可能严格按着官礼进行，而民间实际操作的婚姻礼俗也不尽相同，但无论怎么变，传统婚姻那些最基本的程序还是得到保留。

古时候的人行嫁娶之事，讲究的是明媒正娶，这是最基本的礼仪，即所谓“父母之命，媒妁之言”。

婚姻的序幕是媒人拉开的。古代的媒人，跟今天的红娘一样，一般都是女性，俗称“媒婆”。因为是女性，所以出入男女双方家庭都比较方便。男方家庭自不必说，媒人可以进到女孩子的闺房，和女孩子聊聊天，套套口风，收集一些情报信息。

宋朝的媒人，是分等级的，从穿着上就能区分出来。上等的，是替名门望族撮合婚事的官媒。她们一般戴着紫色的头盖，穿着红色的褙子，衣着华丽。中等的，头戴冠子，黄包髻，穿褙子，手里拿把清凉伞，衣着齐整干净。下等的，就没那么多讲究了，就是一个普普通通的妇人。

无论哪个等级的媒人，都必须有这样的共同素养：善于察言观色，思维敏捷，口才出众，很有推销员的风范。她们对男女双方的家庭状况、长相、品格、习性、特长都要掌握了解，然后伶牙俐齿地向双方推销，促成一桩婚事，就完成一项业绩。

说媒这个阶段，男女双方父母会拟一个草帖子，做一些基本情况的说明，内容包括子女的出生年月日时，祖上三代的名讳，聘礼、嫁妆会有多少等。

古人讲到婚事，八字合不合是个关键因素，几乎是一票否决制。这是时代局限所致的迷信，但在当时确实是人们择婚流程里很看重的一项。

媒人的工作其实是很辛苦的，要来回跑腿，反复传递消息，多次磋商，直到男女双方家庭成一致共识。很多貌似般配的婚姻，就是因为在聘礼和嫁妆问题上没有沟通好而告吹。所以在这个方面，尤其考验媒人的水平。

“媒者，谋也；妁者，酌也”，说的就是媒人的信息沟通功能。媒人在男女双方家庭之间，既是传声筒，也是缓冲带，更是调和剂。

经过媒人的撮合，男女双方初步满意后，要交换细帖，又叫定帖，相当于签订订婚意向书。

交换细帖的形式也是有规矩的。在宋朝，男方家里要派人挑着“许口酒”送到女方家，配上插着八朵大红花、用彩色网子装饰的酒瓶。担子里通常还得有罗绢若干或者八枚银胜，即银箔制成的头饰。担子上也得插上红花，谓之“缴担红”。

女方家会在酒瓶里装上水，放进三五条活鱼，再插上一双筷子，回送给男方家，这叫“回鱼箸”。

在宋朝之前，男女双方家庭如果本来不相识，双方彼此的了解全凭媒人一张嘴，甚至连相貌都只有到洞房花烛夜的时候才揭晓。到了北宋，城市中开始流行相亲活动了。细帖是交换了，但是正式订婚之前，为了使得这桩婚事更加牢靠，一般媒人要陪着男方父母到女方家去相亲，就是对未来儿媳妇过过眼。但是，婚姻当事人的男女双方并不见面。

到了南宋，有了男女双方可以见面的相亲。通常这种相亲安排在园圃、画舫或者酒楼茶肆。根据女方意愿，男方可能只能在一个角落里偷偷地看一看女方，也可能直接和女方见面，甚至互相敬酒。男方如果对女方满意，就把钗子插在冠髻中，名曰“插钗”。如果不满意，需要送给女方彩缎二匹，表达歉意，谓之“压惊”。

相亲过程双方都满意，接着就要下聘礼正式订婚。家境殷实的，当时流行的送“三金”是少不了的。所谓“三金”，就是金钏、金镯、金帔坠。另外，高级衣裙、珠宝首饰、彩色匹帛，以及花茶果品、糕点、羊、酒，男方家只要置办得起尽量去办。家资不富裕的，基本的首饰、衣帛还是要送的，这叫“兜囊”。《梦粱录》里记录，即使是下等人家的聘礼，绢一二匹，官会银锭一二封也是必需的。

订婚，虽然没有去官府登记注册，领取证明，但是在宋朝仍然受到法律保护。假设订婚以后悔婚了，会被拿到官府衙门，以打板子惩罚。

迎亲吉日，是在订婚环节就敲定的。在吉日的前一天，新娘家会派人到新郎家去“铺房”，挂上帐幔，把陪嫁的嫁妆都摆出来。并且有专人看守新房，不准别人进入。这种风俗宋朝以前是没有的。这主要是显示新娘娘家的经济实力和重视程度。

迎亲是婚礼的高潮。宋朝城市里的普通居民虽然没有皇室、达官显贵家的婚礼那么豪华，但是都会尽可能制造喜庆的气氛。甚至可以说，民间的婚礼更加活泼接地气。

迎亲的当天，新郎家的迎亲队伍，抬着花瓶花烛、香球罗纱、洗漱梳妆用具和各种箱匣，朝新娘家进发。新郎家要预备把新娘抬回来的花轿，因为这在宋朝很流行。在宋朝之前，都是用车子迎亲的，而花轿抬起来悠悠荡荡，还可以捉弄吓唬一下新娘子，很是热闹。

迎亲的队伍里，乐队也是件新潮的事物，一路吹吹打打，欢快的曲子传得老远。迎亲奏乐在宋朝之前，是被视为破坏礼法而禁止的。即使到了宋朝前期，皇室的婚礼也是不允许奏乐的。宋朝的百姓在那个开明时代，就用了这种形式让民间婚礼更加喜气洋洋。宋哲宗结婚的时候，宰相说不能用乐队，不能在高层婚礼中坏了礼法。结果太后不高兴了，说寻常百姓家娶个媳妇都能用乐队伴奏，而皇家却不能，这也太迂腐了。自此，皇室婚礼用乐队也就有了开端。

把迎亲弄得够气派、热闹，是宋朝城市里的寻常之事。虽然有虚荣和炫富的成分，但另外一个角度讲，这也印证了宋朝经济的繁荣。

一般来讲，新郎迎亲来到新娘家，会受到新娘亲友的捉弄，甚至拿着竹棍追打。场面狼狈而好笑，人们图的就是这个乐子。到了宋朝，新郎受到的捉弄就文雅多了，会被“索诗”。新娘亲友会拦着新郎，现场命题作诗，考验一下新郎的才华。但是有的新郎文化根底浅，可以干脆不参加迎亲，由媒人带着迎亲队伍前去接新娘子。这在宋朝也是允许和常见的。

新郎率迎亲队伍来到新娘家，新娘的家人早做好准备，端出酒来款待，并抛洒花红、银碟和利市，实际就是发红包的意思。这时候，新郎家请的乐队起劲地奏乐，催促新娘上轿，名曰“催妆”。新娘终于上轿了，抬轿子的人又开起了玩笑，就是不起轿，一起念叨一些诗词民谣。新娘的家人明白这个意思，继续用红包打发上路。

轿子到了新郎家门口，大家又拦着新娘不给下轿。于是新郎家又来一番红包，新娘才下得轿来。

有的人家，还要在门前抛洒五谷、铜钱和彩果，引得看热闹的孩子们叽叽喳喳哄抢，迎亲的气氛更添一份欢腾。据说，这还有一层含义，就是驱邪，保佑新娘子平安顺利地进入新郎家大门。

新娘入门后，要完成一连串的活计：进了前门，要“跨马鞍”；进了中门，要“坐虚帐”；进入洞房，要“坐床富贵”，总的寓意，就是为未来的生活讨个吉利。

洞房的门楣上，挂着一段彩帛，下面被剪破。当新郎走进洞房的时候，闹婚的人就争着扯碎彩帛，又讨要红包，这叫“利市缴门”。新郎进了洞房以后，和新娘并肩坐在床上，等待接下来的拜堂。

新郎手执木笏，两匹结成同心结的红绿彩绢一头挂在新郎手上的木笏上，一头牵在新娘手里。新郎倒退着把新娘牵到堂前。新郎家里的一位女性亲属，会用秤杆或者机杼挑开新娘的头盖。新郎和新娘要先参拜新郎家的祖先牌位，然后再参拜新郎的父母长辈。之后，新娘倒行牵着新郎回到洞房。

新郎和新娘回到洞房，又要完成一番重要的程序：

夫妻对拜，然后坐于床上。

礼官撒帐，把金银线、彩钱、杂果撒在床上，祈愿富有的生活。

用彩丝连接的两只酒杯喝交杯酒。喝完后，两只酒杯一仰一覆放在床下，寓意大吉大利。

礼官各取新郎和新娘的一束头发，结在一起，名曰“合髻”，象征生死相随、白头偕老。所谓结发夫妻的说法正是指的这个环节。

新郎摘下新娘头上的花，新娘解开新郎衣服上的绿抛纽，然后掩上帐子，新人换装。

礼官领着新郎和新娘来到中堂，参谢各位亲友，接受他们的祝贺。而后举行酒宴，男女双方的亲友互相敬酒，行“新亲之好”礼。

在成婚后的第三、七、九天的某天，新娘要回门，新郎要带着礼物参拜岳父母，岳父母也会准备一匹布作为回礼。岳父母准备了酒席招待女婿。吃完喝完，岳父母请的乐队奏乐把新郎和新娘送回家中。

到了新郎和新娘结婚一个月，岳父母会带着礼物而来，新郎家里置办酒席，再次招待感谢亲朋好友，这叫“贺满月会亲”。至此，新郎和新娘的整个婚礼才算圆满结束。

宅第之内的暗斗
——妻妾关系

封建夫权社会，一个有地位有资产的男人，拥有多个配偶，是常见的现象，同时也受到法律的保护和风俗的肯定。宋朝也不例外，达官显贵、富绅豪门的男人们，很多都有好几个配偶。

说封建时代的婚姻是一夫多妻制，其实不够准确，应该是一夫一妻多妾制。因为这样表达，才能将一个封建家庭的地位等级涵盖在内。

什么是妻？父母之命、媒妁之言、明媒正娶的叫妻。妾，一般来说都是买来的，俗称纳妾。男人的配偶中，还有一种叫婢，要么是买来的，要么是雇佣来的，丫环使女指的就是她们。

妻、妾、婢在一个家庭中的地位是不同的。

同一个家庭里，在同一时段，只有一个妻。如果没什么死亡、离婚的意外事件，妻是终身制。妻的地位是受法律保护的。夫权时代，男人在家庭中处于主导地位，是家里的主人。妻以为这个男人服务、打理好家事为自己的使命。同时，妻也是家里的主人，名曰

“主母”，没有意外这个主人的地位不能变更。

妾和婢相比，地位要高些，通常是上层社会的男子，结婚后看中的年轻貌美、善解人意的女性。婢，其实就是佣人兼任男性的配偶。相对于妻的主人地位，妾和婢处于“奴”的地位。本质上，妾、婢属于同一个阶层，婢就是地位最低的妾。因此说妻妾关系的时候，会把妾婢放在一起说。

妾婢往往出自贫寒人家，属于男人的私有资产，可以买卖转让。

站在时间轴上现代这个点，想象古代妇女的地位和命运，会有笼统的印象，就是觉得她们处于完全不平等的地位，但具体到什么程度，可以从宋朝关于家庭的一些法律条款得以一窥。

按照宋朝的法律规定，丈夫打伤妻，比打伤常人罪减二等；丈夫打伤妾，比打伤妻罪减二等；丈夫打伤婢，无罪。

作为家里的主人之一，妻子打伤妾婢，仿照丈夫打伤妻一样减罪。根据规定，妻行使主人权力，对妾婢进行管教，连丈夫都不能干预。

按着这些法律条文，只要没有出人命，“家暴”不算什么大事。宋朝是这么规定的。其实放眼整个封建时代，这也是一以贯之的。

宋朝法律还规定，婢在一定条件下可升格为妾，但妾在任何情况下不能升格为妻。说明“主”和“奴”的地位是不能颠倒转换的。

在宋朝一个家庭里，夫和妻是家庭的主人，丈夫对妻拥有绝对的支配权力，而妻对妾婢拥有绝对的支配权力。如此总结下来，在一个家庭中，妻和妾婢的关系的主旋律就出来了：压迫和竞争。

南宋宰相周必大的妻把他的爱妾用绳索拴在庭院暴晒于烈日之下。宰相大人严格遵守法律规定，没去干预。爱妾跟他说要渴死了，于是宰相大人端了一碗水给爱妾喝，结果遭到妻的一顿高调奚落和嘲笑，他还只能赔着笑脸插科打诨。

妻和妾婢之间的争斗首先反映在对丈夫的情感争夺。一个男人纳妾婢，说明在感情上他对妻不再专注，妻失宠了。封建时代，一个女性一旦成为男人的配偶，她的活动范围基本就局限在家里，以男人为中心度过余生。对于女性而言，争夺丈夫对自己的关注，就是争夺丈夫对自己的感情，争夺家庭中的地位。妾婢具有年轻貌美的优势，在这场争夺中往往容易抓住丈夫的心，因此，自然会引发妻和妾婢之间的矛盾冲突。根据法律和传统，妻在家庭中处于强势地位，所以在争斗中，尤其是男主人企图对妾婢进行保护时，妻更容易借着地位对妾婢进行打压和虐待。

当然，从男性角度看，妻和妾婢之间的冲突是她们的嫉妒心在作怪，因此，许多士大夫还著书立说，要求配偶具有不嫉妒的美德。司马光就说："妇人之美，无如不妒。"其实，男主人们把妻和妾婢之间的矛盾归结于嫉妒心，也未免太简单了，更复杂的斗争何止在嫉妒心层面。

妻和妾婢之间的争斗也反映在家庭财产的分割。通常情况下，妾婢都是受宠的一方。她们很容易怀孕生子，势必将影响家庭财产分割和子女对财产的继承。关于子女继承问题，宋朝法律规定，丈夫死了以后，守节的妻和妾婢如果没有子女，那她们有同等的财产继承权。如果家庭中有子女，无论是妻所生，还是妾婢所生，在父亲死后，都有财产继承权。围绕财产继承问题，妻和妾婢之间的矛盾冲突当然在所难免。在这场争斗中，尽管丈夫在情感上可能偏向于妾婢，但鉴于妻子在在家庭中所具有的支配权力，往往以妻子的胜利而告终。

宋朝的史料中，有很多妻为保全财产而虐杀妾婢及其孩子的事例。盐官马中行的妻非常剽悍妒忌。家中一婢女产子后才断奶，这位悍妻就把这个孩子沉塘淹死。悍妻还不解恨，又用杂糠谷熬成粥，逼迫婢女趁热喝下，结果婢女犯病而死。

妻作为主母，压制、虐待妾婢是家庭冲突中最普遍的现象，当然会有一些遭到妾婢的反抗，但这些反抗多数时候显得比较微弱，也不是普遍现象。

妾婢对主母的反抗，有很多无奈地体现在精神胜利法层面。宋朝流传下来的女鬼故事中，结局多为被虐杀的妾婢鬼魂找主母复仇成功。这是妾婢群体面对主母的虐待进行的一种变相反抗形式。因为鬼怪世界往往是现实生活的一种投射，对现实的无力感使得她们对侵害自己的主母用一种近乎于幻想的方式进行报复，并且希望借助通过这种“善恶有报”的观念来影响、约束主母对于妾婢的虐杀行为。

妾婢对主母的反抗方式多依仗于男主人的宠爱。史料记载，宋朝有位小妾，为男主人生下一个儿子。这个儿子深受男主人宠爱。男主人的妻死了以后，又续娶一位姓高的女子为妻，当然冲突矛盾是少不了了。这位小妾就利用自己和儿子受宠的优势，唆使儿子陷害身为主母的高氏，最终使得高氏“竟罹决绝”。

还有一些妾婢，由于无法忍受主母的虐待或是担心家产的继承问题，便采取更为极端的方式，在主人不知情的情况下，杀害主母。不过，像这样妾婢反抗妻子的事例很少。因此，为避免妻和妾婢之间起冲突搞宅斗，男主人纳妾婢之后，有的干脆在外面租买房子安置妾婢，减少妻和妾婢的见面机会，从而降低双方发生冲突的概率，这也可以算作妾婢的一种变相胜利。

当然，妻和妾婢相处融洽的例子在宋朝也是有的。史料记载，宋朝有位姓赵的男人，路遇一无家可归的女子，将其带回家中做妾，丈夫与妻、妾同床共枕，相安无事。

有位叫史浚的，结婚以来一直没生孩子。他家老爷子想抱孙子，他的妻就主动叫他纳妾生子。史浚大为感动，说："设心如此，何患不昌？"人们把史家的昌盛归功于史浚之妻的宽容大度。从史浚本人的角度看，一个良好的妻和妾婢关系无疑是家族兴旺的前提。

从史料看，妻和妾婢关系和睦的情形非常稀少，一般情况下总会是充满各种矛盾的。其中，妻对妾婢的日常责骂，甚至一些不伤筋骨的责打总是难以避免的。但虐杀妾婢的情况也不多，因为这毕竟是刑事案件，总归是会带来无尽麻烦的。

曾被误读的婚姻
——女子再嫁

女性被视为男人的附属品这个基调一直贯穿整个封建夫权时代。“饿死事小，失节事大”“从一而终”“嫁鸡随鸡，嫁狗随狗”这些说辞也是套在女性脖子上的沉重枷锁。

虽然如此，封建时代的女性在婚姻上还是有一丝缝隙可以喘口气，比如女性离婚与再嫁，也是有少部分存在的。尤其在宋朝，女性改嫁在法礼上都是被允许和保护的，甚至得到提倡。

“饿死事小，失节事大”“从一而终”“嫁鸡随鸡，嫁狗随狗”这些枷锁，是程朱理学提倡的。程朱理学派的人物，都是维护夫权的强硬分子。“饿死事小，失节事大”来自于北宋理学家、教育家程颐一次和别人的谈话。程颐和他的哥哥程颢史称“二程”，是理学的创始人。到了南宋，朱熹把“二程”的理论重新翻找出来，作为劝人守节的工具。宁肯饿死也不能改嫁，否则就是失节，在今天听起来透露着对人性浓浓的寒意。

宋朝女性改嫁被宽容地对待，与理学在宋朝发端并不矛盾。程颐的“饿死事小，失节事大”，是在非正式的场合偶然提出的。他自己并没有反复地大肆宣扬。朱熹一直是个地方官，没有在中央担任过职务，他提倡的也没有被政府承认和重视。还有更重要的一点，“程朱”的思想在宋朝的地位和影响力其实并不大。只有到了明代，当时的文人把程朱理学翻出来当作金科玉律，在明清两代才起到很大的影响。

理学歧视女性，认为女子无才便是德，可是司马光就提倡女子可以读书。

理学反对改嫁，范仲淹的母亲就是改嫁的。他儿子纯祐早死，儿媳守寡。后来他的学生王陶丧妻，于是范仲淹把自己的儿媳妇改嫁给学生了。范仲淹还立下家规，以后凡是家族中的女子改嫁，一律资助二十贯到三十贯。

即便是程颐自己，也没有做到遵守自己所说的。他的外甥女丧夫之后，他怕姐姐过度悲伤，就把外甥女接到家中，然后再让她嫁给他人。

从总体而言，在宋朝比较开明的政治环境中，女性的地位在中国古代历史上相对来说是高的。比如法律规定，未出嫁的女子和男子一样享有继承权；兄弟姐妹之间打架，兄弟把姐妹打伤了，轻则打板子，重则坐牢甚至流放；阻止女子改嫁也是被法律认为有罪的。

谈到改嫁，只能是离婚和丧夫之后的事。丧夫不必说，在宋朝，离婚分为三种形式：七出、义绝、和离。

妻子如果有七种情况发生，丈夫有权力休妻，即为七出：

无子：妻子到了50岁，而没有生出儿子，可以休妻。

淫泆：有婚外情，淫乱。

不事舅姑：不孝顺公公婆婆。

口舌：说闲话，搬弄是非。

盗窃：偷盗别家财物，或者拿不属于自己嫁妆的夫家财物借给或者送给别人。

嫉妒：不能和睦处理妻妾婢关系，扰乱家庭。

恶疾：患残疾。

以上七条，是丈夫可以休妻的理由。另外，宋朝法律也规定了三种情况丈夫不得休妻：

经持舅姑之丧不去：妻子在公婆去世后服过丧的，不得休妻。

娶时贱后贵不去：妻子在丈夫贫穷时嫁给他，丈夫富贵发达后不得休妻。

有所受无所归不去：如果妻子被休之后，没有生活来源，娘家也无人可依，不得休妻。

这三条在一定程度上保护了女性的权益。

宋朝夫妻离婚的第二种方式是义绝，法律规定也比较详细。简单来说，如果夫妻殴杀对方长辈和亲人，夫妻双方的长辈和亲人之间互相杀害，妻子和丈夫近亲通奸，妻子想要谋害丈夫这几种情况发生，官府会强制判决夫妻离婚。

夫妻离婚的第三种方式是和离，即和平分手。没有共同语言，只要双方自愿，可以离婚。还有一种情况，就是丈夫三年不归家，逼妻子为娼，犯罪流放外地等，妻子可以提出离婚。

封建时代，允许离婚和禁止离婚比较，是一大进步。宋朝的三种离婚方式，总的来说，对男性有利条款的居多，但也能看到女性权利在法律上有所体现。

女性在离婚或者丧夫之后，根据自己的意愿可以另嫁他人，这是受宋朝法律明文保护的，任何人不得阻挠。

包括皇帝在内的宋朝人，把女性再婚看得很自然，很淡定。宋太祖赵匡胤时，孟昶带着妻子花蕊夫人来到京城。他死了以后，赵匡胤就把花蕊夫人纳为嫔妃，并且极为宠爱。宋哲宗的生母、宋神宗的朱皇后，她的生父姓崔，母亲改嫁姓朱的人家，她本人则由养父养育。哲宗皇帝继位后，就给母亲的生父、继父、养父一起赠与官职。

宋孝宗年间有一位女性，先嫁给单氏，生了一个儿子，后改嫁耿氏，又生了一个儿子。后来，两个儿子都作了大官。母亲死后，两个儿子因争着葬母而相持不下，最终由孝宗出面为二人葬母。

社会风向总是跟着上层转，上层社会尚且没有把女性再婚看得大逆不道，理所不容，那平民社会的女性再婚肯定就更为平常了。史料记载了一位叫阿区的女子三易其夫之事：阿区的第一任丈夫叫李孝标。李孝标死了以后，阿区改嫁李从龙。不幸的是，李从龙又死了，阿区后来要再次改嫁梁肃。这下，第一任丈夫的弟弟李孝德来干涉阻挠，把此事告上公堂。当时处理此案的官员说，阿区现在的丈夫死了，至于她再嫁与否，都是她个人的事情，官府不能干预。

平民之中，甚至还有这种情况，给死去的丈夫服丧还没到期限，就急着改嫁的。一位女子叫张宗淑，嫁给了襄阳城里一个叫董二十八的秀才。秀才死了以后，她随母亲到了南阳，生了病。古时人的科学常识有限，生了病并不一定会请医生，有时候会请巫师巫婆来祛病。结果请来的巫师以董秀才的口吻警告张宗淑："你不可再嫁。如果再嫁，我就杀了你！"张宗淑是位性格强悍的女子，她大声斥责："我平生为你所累。如今你死了，还来缠着我，简直不可理喻！就算我再嫁他人，与你何干？你死都死了，就别作孽了！"也许是被所谓丈夫的话刺激了，张宗淑后来随着哥哥到扬州，服丧期限没满就改嫁了。

宋朝的法律还规定，女子丧夫，如果她立志守寡，她的祖父母和父母有权力强令她改嫁。如果不令寡妇改嫁，反而会授人以柄，成为别人攻击的借口。

宋仁宗时，高官吴育有个弟弟，娶了媳妇。弟媳生下六个孩子后，弟弟去世了，弟媳妇决定不再改嫁。官员唐询上奏皇帝攻击吴育时，其中一条罪状就是他没有让弟媳妇改嫁。

程朱理学所谓的贞节观念，在宋朝没有燃起燎原之火，宋朝女性在离婚上享有一定程度的权利，也有改嫁再婚的自由。所以，在漫长的封建时代，宋朝女性相对而言还是幸运的。

但是再婚只是一种基本权利，在任何时代，再婚的结果都不一定是幸运的。

李清照，被誉为"词家一大宗"，中国文学史上最伟大的一位女词人。她出生于爱好文艺的士大夫家庭，她的父亲是苏轼的学生。受父亲影响，李清照从小就工诗善词，显示出极高的天分。

十八岁时，李清照与赵明诚结婚。婚后，她与丈夫情投意合，如胶似漆，过着幸福美好的生活。幸福的生活最终没有等到白头偕老，在战乱的逃亡途中，赵明诚死了，夫妇二人平生所收集的金石书画在颠沛流离中几乎丧失殆尽。

在李清照孤苦伶仃之时，有个叫张汝舟的人出现了。他为骗取李清照钱财，乘虚而入，对李清照百般示好。李清照当时无依无靠，便再嫁张汝舟。婚后，二人发现自己都受到了欺骗。张汝舟发现李清照并没有自己预想中的家财万贯，而李清照也发现了张汝舟的虚情假意，甚至到后来的拳脚相加。之后，李清照发现张汝舟的官职来源于弄虚作假，便状告张汝舟。在当时的社会环境下，妻子告发丈夫，即使印证丈夫有罪，妻子也要同受牢狱之苦。李清照入狱后，由于翰林学士綦崇礼援手，九天后便被释放，但这段不到百天的婚姻也就此结束。

李清照的这次再婚失败，使她对婚姻心灰意冷，此后一人终老在江南。

唐婉是陆游的表妹，两个人自小青梅竹马，情投意合，并且两人诗来词往在传递情意中也展示了非凡的才华。两家人觉得这是天造地设的一对，于是这一对表兄妹携手走进了婚姻的殿堂。婚后，两个人鱼水和谐，沉醉于自己的小天地中。这引起了陆游母亲的不满，认为唐婉让陆游成为一个没有志向的人，连功名都不在乎了。加上一些迷信言语的火上浇油，陆游的母亲最终认定唐婉就是个扫帚星，会给陆游带来厄运。一段美好婚姻就此被陆游的母亲狠心拆散。

随后，陆游被母亲安排再娶妻，唐婉也由家人做主嫁给了同郡士人赵士程。陆游省试失利，回到家乡绍兴。家乡风景如旧，但物是人非，陆游心中倍感凄凉。当他在沈园和再婚后的唐婉迎面相遇时，千般心事，万般情怀却无从说起。于是他提笔在粉壁上写下那阙千古绝唱《钗头凤》：

红酥手，黄縢酒，满城春色宫墙柳。东风恶，欢情薄，一怀愁绪，几年离索。错！错！错！

春如旧，人空瘦，泪痕红浥鲛绡透。桃花落，闲池阁，山盟虽在，锦书难托。莫！莫！莫！

陆游离开家乡的第二年春天，唐婉再一次来到沈园，忽然瞥见陆游的题词不由得泪流满面，心潮起伏，也和了一阕《钗头凤》，题在陆游的词后：

世情薄，人情恶，雨送黄昏花易落。晓风干，泪痕残，欲笺心事，独倚斜栏。难！难！难！

人成各，今非昨，病魂常似秋千索。角声寒，夜阑珊，怕人寻问，咽泪装欢。瞒！瞒！瞒！

唐婉再婚的丈夫赵士程是一位宽厚的士人，也给唐婉带来许多精神的抚慰，但和陆游那份刻骨铭心的爱情始终驻留在唐婉的内心世界。自从看到了陆游的题词，她的心就再难以平静。在对世事无常、情爱无望的感叹中，唐婉积忧成疾，年轻的生命在一个萧瑟的秋天随风而逝。

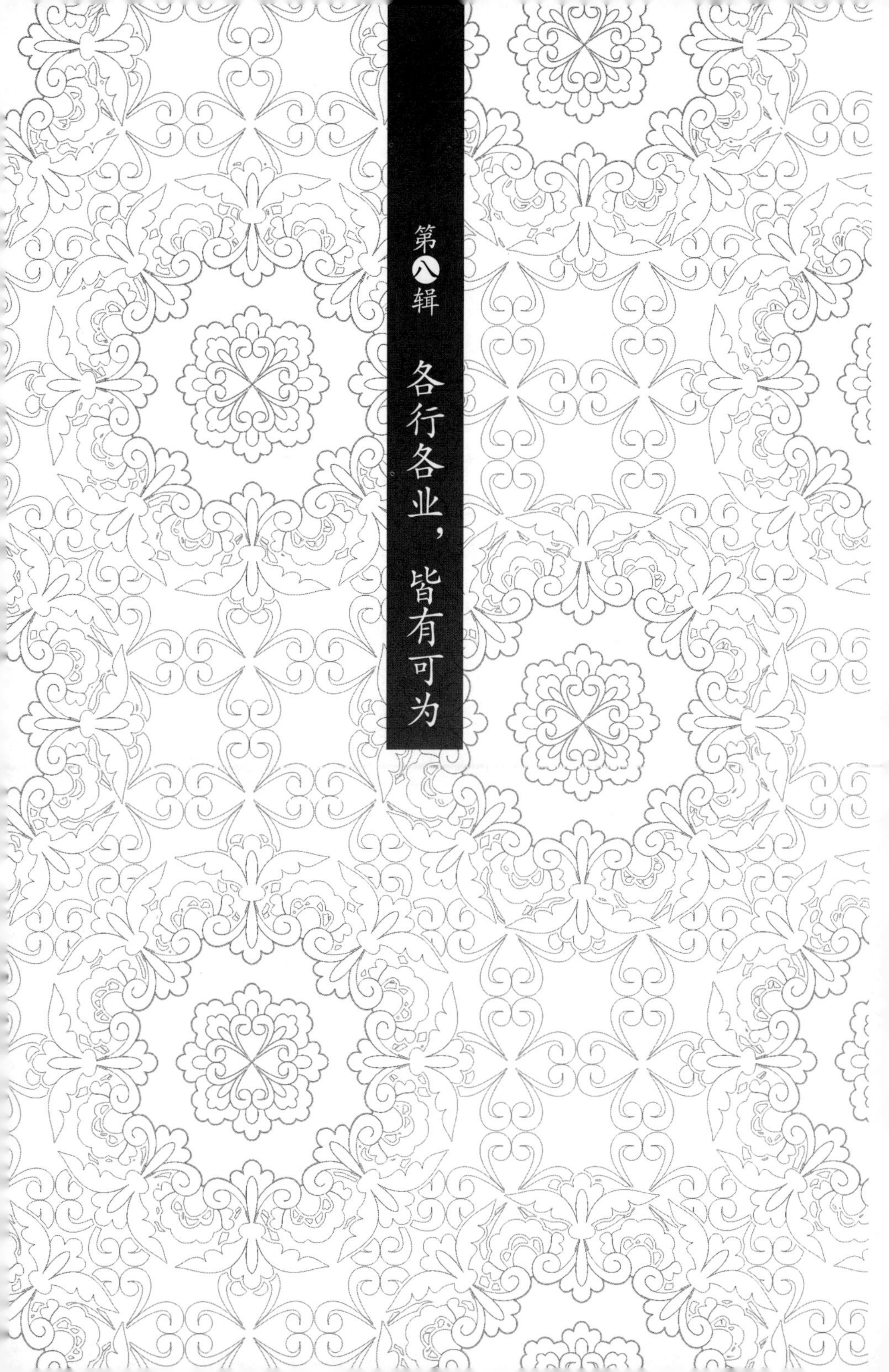

第八辑

各行各业，皆有可为

所谓盛世，应该是全民性质的。社会的每个阶层，都能有所作为，靠着诚实劳动和聪明才智获取财富，在物质富裕的同时，有着自己精神的追求和心灵的放逐空间。宋朝就是这样的全民盛世。

备受尊崇的优渥
——文官

宋朝是开国皇帝赵匡胤陈桥兵变而建立的。当了皇帝以后，赵匡胤认真总结了唐末、五代教训，得出了千万不能让武夫专权的结论。“杯酒释兵权”就是在这样的思想下达成的。此后，宋太祖把治理国家的大权赋予了文官，实行士大夫治世的国策，于是文官这个群体的地位达到有史以来的最高峰，甚至管理国家军事的最高行政长官也由文官担任。

宋太祖曾“勒石三戒”，给后代立下家训，其中有一条是：不杀士大夫，不杀上书言事之人。所以纵观整个宋朝历史，文官被杀是极少极少的。即便像蔡京这样的奸相，最终也只是被贬为庶民而已。

宋朝的文官，在政治上的沉浮，多是因为政见不同被来回折腾，比如范仲淹、王安石、欧阳修、苏轼等，人身安全倒是有相当可靠的保证。因此，宋朝文官的胆量、气度都不缺乏，给皇帝上书谏言是家常便饭。

宋朝的官员，无论是文职还是武职，福利待遇从职业角度来讲，都是相当高的，以当时级别最高的官员和最基层的官员福利待遇为例：

宰相、枢密使一级的最高行政长官，每月正俸300贯，每月禄粟100石，每年赐绫40匹、绢60匹、罗1匹、冬棉100两，差役仆人衣粮按70人算，每月柴草200束，每年炭1 600秤，盐7石。

最基层的官员小县（万户以下）县令，每月正俸12贯，每月禄粟3~5石。同样，正俸之外，还有各种补贴，如茶、酒、厨料、薪、蒿、炭、盐诸物以至喂马的草料及随身差役的衣粮费等，数量都相当可观。

各级官员又有“职田”。即使是最边远的小县的县令，也有职田7顷，交给佃户租种，收取租费。

高薪高福利，低风险，让文官成为宋朝职业选择的不二之选。

宋朝选拔官员，有荫补制度。高级官员的直系、旁系子孙，或者特别欣赏的门客、异姓，都有荫补做官的机会。一般的官员，荫补的名额只能从子孙中产生。但这个制度绝非主流，规矩也很多：荫补的官员要申请报批，名额是有限制的，即使宰相一级，最多也只可以推荐五个人；荫补官员的升迁提拔受到限制。

在宋朝，科举选拔文官是最重要的方式。科举不论出身，是当时能做到的最公平、最可行、最有利的人才选拔制度。

隋文帝发明科举制度之前，官员都是世袭制。权贵的子弟，无论才德如何，都能做官。平民子弟想要通过自己的努力施展抱负，改变命运，希望十分渺茫。经过隋唐的探索实践，科举制度到了宋朝，已经相当完善。宋朝经济、文化、科技的昌盛，就是由一大批科举制度选拔出的人才共同努力创造的。举个例子来说，北宋共有宰相七十一人，科举进士出身的就有六十四人。

因为和唐朝相比，宋朝科举考试的科目少了，录取的人数多了，国家为了经济、文化、科技发展扩招了。唐朝录取进士，每次不过二三十人，少则几人、十几人，而宋朝每次录取多达二三百人，甚至五六百人。

宋朝确立了三年一届的三级科举考试制度。秋天时，士子要先参加地方考试——州试。如果在州试中脱颖而出，来年的春天可以参加礼部组织的省试。顺利通过省试，当年就会有幸参加殿试。殿试的考官就是皇帝本人。能进入殿试这个环节，已经证明是出类拔萃之辈。参加殿试的考生，有的不需要再经过吏部的考核就被皇帝直接任命为官。

无论什么年代，对于考试选拔，人们最痛恨的就是营私舞弊。宋朝为了防止科举中出现作弊行为，做了制度上的保障。

首先是限制知贡举的权力。知贡举就是省试的主考官。为了防止知贡举提前做好作弊的准备，朝廷都是临时任命知贡举。另外，还配备权同知贡举若干名，分散主考官的权力。如果作弊，必须把这几个考官同时摆平，而他们之间也有相互监督着，所以这几乎是不可能完成的任务。科举考试前，考官们必须住在贡院，断绝跟外界的联系，跟现代中考、高考命题老师的待遇一样，这又为作弊增加了一道阻碍。

其次，设立别试制度。如果考生和其中一位考官有亲属关系，必须在另设的考场另派考官进行考试。

再者，实行糊名和誊录制度。糊名，就是把参加考试的个人信息都封起来，谁也不知试卷是谁的。考官想给谁私下打高分，没有可能。但这个还有漏洞，试卷上的字迹、记号也可能被利用来作弊，誊录制度就是堵这个漏洞的。考生写的试卷，会被专人再抄写一遍，字迹和做的记号，全都白费，因为考官评判时见到的都是誊录卷。

科举考试中考取功名，在宋朝会很快被任命为官员。不像唐朝，考取功名和为官并无必然的联系，有功名却一辈子没做上官的大有人在。宋朝在这个方面效率很高，措施也很实际。

考取功名的考生，一般会在地方任职，特别优秀的也会进入国家中央机关。

国家中央机关，在宋朝即皇帝直接领导的三个机构是：中书门下、枢密院、三司，分别是民政、军政、财政的中央机构。

中书门下，简称中书，是正副宰相集体处理政事的最高行政机构。宰相级别的官员有宰相、同中书门下平章事、侍中；副宰相级别的官员有副宰相、参知政事。这些文职官员，掌管除军事、财政的一切政事。

枢密院，国家最高军政机构，第一长官通常由文官担任，官职设置有枢密使、枢密副使、知枢密院事、同知枢密院事。

三司，主管国家财政的最高机构，即盐铁、度支、户部三部。其长官称三司使，号称“计相”。

原则上，这三个行政机构由皇帝直接领导。其官员，特别是第一长官，不得互相兼任。这样的机构设置和原则，其实就是宋太祖的设想——分权，防止官员独揽大权，对皇家地位构成威胁。

唐朝尚书省分掌的吏、户、礼、兵、刑、工六部，在宋朝也沿袭下来，但尚书省撤销，六部由中书门下、枢密院、三司根据职责交叉管理，比较混乱。

宋朝专管监察的机构是御史台，倒是一直沿袭了唐朝的制度，其长官称御史中丞，副长官称侍御史知杂事，主管纠察百官，肃正纲纪。御史台的监督权力很大，如果弹劾宰相成功，宰相必须辞职，由副宰相升任宰相，而弹劾成功的御史中丞会转任枢密院的官员。之所以有这样的规矩，是为了防止权力很大的宰相和监督机构勾结，也为了控制御史台官员公报私仇，打击政敌。

宋朝的地方机关分三级，分别为：路、府州军监、县。

最大级别的“路”设有安抚使司、转运使司、提点刑狱司、提举常平司、监司。

次级别府州军监设有官员知府、知州、军、监、通判。

这些设置的原则跟中央一样，就是分权，制衡，监督。

宋朝地方机构级别最低的是县，县一级的官员有知县、县丞、县令、主簿，基本是中央下遣，没有军事权力。

考取功名的士子，从地方基层官员做起，想要有更大作为，肯定必须靠升职。宋朝官员的升迁，其实有迹可循。只要安分守己、按部就班完成分内的事情，就会通过“磨勘”得到升迁的机会。“磨勘”，就是业绩考核制度，所有在官场任职的人，经过一定时期，都可以主动申请升职。经查明其资历与升职的规定相符，不需要在职务上有特殊的表现，职位都可以逐步上升。

国耻难雪的悲切
——武将

“怒发冲冠，凭阑处、潇潇雨歇。抬望眼，仰天长啸，壮怀激烈。三十功名尘与土，八千里路云和月。莫等闲，白了少年头，空悲切。

靖康耻，犹未雪；臣子恨，何时灭？驾长车，踏破贺兰山缺。壮志饥餐胡虏肉，笑谈渴饮匈奴血。待从头，收拾旧山河，朝天阙。”

这是岳飞著名的《满江红》，它慷慨激昂，拳拳报国之心激励无数后世的仁人志士。只可惜，意图直捣黄龙，一雪国耻的岳飞被议和派谋害于风波亭。

在宋朝，像岳飞这样战绩卓著的武将，往往备受皇帝的猜忌与限制，这是赵匡胤定下的崇文抑武国策导致的结果，也是宋朝灭亡的一个重要因素。

宋朝的财政收入丰厚，对军事的投入也相当舍得，最高的时候每年用在军事上的开支占到国家财政收入的七八成。武官的工资福利一点也不比文官少，甚至更多。

从职业角度来说，与文官相比，武将在社会地位、职业尊严是无法相提并论的。宋朝对武将“厚其禄而薄其礼”，工资福利很高，但绝不会像文官那样受到尊重推崇。

宋太宗晚年语重心长地教育后代：国家没有外患，就肯定有内忧。外患不算什么，因为很远。可是内忧就不得了，就在跟前。一不小心皇位就有可能被握有兵权的武将篡夺。一定要警惕武将。

到了宋真宗，澶渊之盟后，他得出的结论不是要加强国防和军队建设抵御外侮，而是觉得外患上摆不平的事，钱财能摆平，成本比打仗还低。

于是，朝野上下对武将就缺少了平等的尊重。当时的朝廷风气就是文尊武卑，文官瞧不起武将。宋朝的枢密使（国防部长）绝大多数都是文官担任。有一次国防部长王钦若当着皇帝的面，把枢密副使马知节骂哭了。

因此想要领兵打仗，在战场上建功立业，给宋朝的百姓一个安居乐业的环境，就得把对武将的这些不尊重和自卑心理都甩在身后，像岳飞那样将豪迈慷慨付诸沙场。

宋朝的荫补制度，只是科举选拔文官的补充，而且给予很多限制，但却是选拔武将最主要的渠道。荫补制度是落后的世袭制度的残余、变种，正是因为朝廷对武将的忌惮压制，对外患的不重视，导致了这一落后的制度被沿袭下来。如果想通过这种渠道成为一名武将，必须符合这样的身份条件：武官、宗室、外戚和技术官员的亲属。荫补成为武将的，在宋朝进入武将系列中比例最大。比如杨家将，杨业是随宋太宗北伐征辽的名将，他的儿子杨延昭、孙子杨文广都是宋朝有名的武将，就是荫补为武将的典型代表。

和先进的科举制度相比，荫补制度既然不考虑选拔对象的素质、能力，而只看家庭出身，就谈不上对武将条件的要求和培养。虽然宋朝名将众多，并且绝大多数都是荫补而来，但绝不说明这一制度有什么先进性。

因此，宋朝武将的整体素质和能力，整个军队的素质和能力，根本达不到评书、演义里那么神奇，这都是拜荫补制度所赐。

如果不符合荫补武将的门槛条件，还有一条可以选择的路——军员转补。军员转补的对象就是各级军人。宋朝军队招兵买马实行募兵制，没什么身份限制，流民都可以报名，而且是终身制，也就是当兵职业化了，所以宋朝军队数量庞大。

按照宋朝的规定，从一个地方军的士兵，可以升到中央军，从中央军升到大内禁卫军。之后，只要服役达到一定期限，或者立了战功，都可以转补为武官。再接再厉，一步步升迁，最终就可能成为名将，当枢密使都是有可能的，狄青就是个例子。

后世有民间传说，老天爷对宋朝寄予厚望，给宋朝派下来文曲星和武曲星各一枚，文曲星就是包拯包青天，武曲星就是狄青。

狄青出身贫寒，十六岁时，因为哥哥和人打架，替哥哥受过，成为一名“违法犯罪分子”，脸上都刺了字。宋朝当兵的门槛低，狄青成为京师的一名普通卫士，后来被朝廷选拔出来保卫边疆。在和西夏的战争中，狄青每次出战，都带着铜面具，披头散发，所向披靡，屡立战功，于是不断得到升迁。后来他幸运地遇见了范仲淹。范仲淹送给狄青一本《左氏春秋》，并对他说：“将不知古今，匹夫之勇尔。”自此狄青发奋读书，成为一名智勇双全的名将，官至枢密使（国防部长）。但是功高震主，狄青最后被猜忌贬官，在病中郁郁而终。

宋朝崇文抑武，对武将猜忌压制，一直是主旋律。整个宋朝的历史，没有因内部兵变而改换门庭，的确维护了政权的稳定，但也带来了恶果，在外族入侵时，抵御乏力，最终被外族彻底灭国。宋朝的经济、文化和科技水平，在中国古代历史上，在同期的世界历史上，都是登峰造极的，却同时有着“积贫积弱”的历史名声，其实和它在军事上失败的治国方略有着极其密切的关系。

长袖善舞的生意
——商人

物质生活的丰富，和商品交易历来是互为有无的关系，商品交易的主体——商人和消费者是平等的相互依存的关系，但是在漫长的农耕社会，商人无论是在地位上还是口碑上，都没有得到应该得到的认同和尊重。人们都把商人看贱看扁，是古代义利之辨的结果，认为商人既然逐利，必然就在义上有所欠缺。实际上，从现代理论来看，这就是经济基础和上层建筑的关系。

鄙视商人的错误思想到了宋朝，得到巨大的改观。北宋的范仲淹就发出“吾商则何罪，君子耻为邻”的呼喊。南宋的黄震也说：“国之四民，士农工商，同是国家一等齐民。”宋朝人有这样的觉悟：商人和其他行业一样为社会创造财富，应该享有平等的地位。

最难变的观念变了，后面的事就水到渠成了。宋朝的土地政策，“不抑兼并”，土地可以买卖了。古代王朝一向将土地兼并视作国家大害，千方百计加以抑制。人，都栓死在土地上，国家的财政收入基本就靠农业税。

土地一旦可以流转，人就活了，剩余的劳动力就可以参与到手工业、商业中来。工商业发展起来了，国家财政的来源就多了。宋朝政府的财政收入，70% 来自于工商税。国家有钱了，也就不会太压榨农民。遇见灾荒年头，开仓放粮在宋朝是常事。这都是自然经济向商品经济过渡带来的好处，国家、百姓都是受益者。

在宋朝做个商人，从事生意，绝对恰逢其时。宋朝对商人有很多宽商恤商政策，比如取消坊市制度。商人不必像宋朝以前那样，只能在官府规定的地方做生意，而是看哪里市口好，哪里市场吸引力大，只要有钱租房子，就能在哪里开张。

唐朝的时候，官府还规定，“工商杂类”不得参与科举。也就是说，一个商人，还有他的孩子，是别妄想通过科举考试去实现阶层的跃升。到了宋朝，这一政策变了，商人如果有学问才华，允许参加科举。商人的孩子也可以进入官办的学校去学习，将来一样可以通过考试走上仕途。这是真真切切的地位的提高。在宋朝做生意，没有什么后顾之忧。

宋朝商人的税负很宽松，行税为 2%，住税为 3%，而宋朝的商业利润，平均下来，至少有 10%，这中间的差额，就是商人的纯收入。国家的财政收入不是靠苛税，靠的是繁荣的工商业带来的量的积累。

观念的改变和政策的支持，构成宋朝生意人所在的气场——体恤加鼓励，极大地促进了宋朝商品经济的发展。

那些组成商行的店铺，小商小贩，自然不必说，他们是商业的专业队伍。官员、皇亲国戚、读书人、地主、农民也纷纷加入兼职经商的队伍，甚至僧尼也不甘落后，下海经商了。汴梁城里的大相国寺，每个月开放五次“万姓交易”，寺庙也成了生意场。

北宋的汴梁，南宋的临安，都是人口超过100万的巨型都市。同时期的欧洲，最大的城市也不过15万人左右。在这样人口众多的城市，不用担心市场萧条，没有顾客。商人可以随处开个铺子，除了正常营业时间，另有早市、夜市，还有整个通宵都有买卖的鬼市，都会带来源源不断的顾客。

乡镇的人口密度肯定没有城市那么大，但是定期的集市也是热闹非常，人流熙攘。集市的消费者，相当于今天平时没空、周末集中采购一样，购买欲望和购买力也是相当可观的。

宋朝官府在边境地区设置“榷场”，用于和周边各族进行贸易活动。至于市场需求，区域差别让商人很容易选择对口的商品。他们可以拿内地的纺织品、瓷器、茶叶等等卖给北方的游牧民族。然后，把他们的羊皮、狼皮、奶制品带回内地销售。商品结构的互补，让商人来回一趟可以获得一举两得的效果，商队绝无空返。从事这门生意，可能颇为辛苦与寂寞，边境路途遥远，得押着货物迢迢而来，迢迢而归是需要坚忍的毅力的。当然，辛苦、寂寞的代价绝不会白白付出，区域商品的差价让商人有丰富的利润可图。

官方设在北方的榷场贸易，在很大程度上是服从于国内的政治、军事需要的，因此时禁时开，这在一定程度上阻碍了沿边地区经济的发展与繁荣，延缓了南北经济构成一体的趋势。于是，宋朝的海上丝绸之路得到了长足的发展和繁荣。

宋朝发达的造船业和航运业为海外贸易的发展奠定了重要的物质基础。北宋时海船已使用指南针测定航向，促进了航运业的发展，加速了宋朝与各国之间的文化交流和贸易往来，改变了隋唐以来中外贸易以蕃商、蕃舶为主的态势，使中国帆船成为中外海上贸易的主要运输工具。

为了促进海外贸易的发展和管理，宋朝官方建立了一套管理海外贸易的机构和制度——市舶司和市舶条法，鼓励中外商人的贸易，使得宋朝海外贸易的发展程度超过此前任何时期。

宋朝的海外贸易主要有两种形式：一是宋朝和海外诸国之间的贸易，称“朝贡贸易”。这种贸易集中体现了中华帝国历代皇帝“一统华夷”“抚宇如一”“厚往薄来”的对外交往原则。二是宋朝与私人海商之间的贸易，称为“市舶贸易”。由于宋朝海上贸易商品种类繁多、数额巨大，官府可以通过对舶来商品的“抽解”和“博买”获取十分可观的财政收入。

就连昏庸的宋高宗，对海外贸易都有先进的理念。他对大臣们说，海外贸易利润丰厚，而且贸易额巨大，国家税收也会倍增，这总比从百姓头上克扣要好得多。

在宋朝的海上丝绸之路上，资本雄厚的商人，带着自己的船队，把陶瓷、茶叶、丝绸、工艺品等运往东亚、东南亚、印度次大陆，更远的到非洲，又在当地收购香料、珠宝、棉布等运回本国销售。这一来一回的双重利润，让很多商人靠着进出口贸易富甲一方。

历史学家经过测算，宋朝的对外贸易额竟然占到GDP的15%~20%。两宋时期从事海外贸易的商人成为中国海上贸易的主角，甚至出现了中国最早的海商群体。成书于南宋后期的《诸蕃志》记载，南海有53个国家和地区与南宋通商贸易，南宋商人出海去贸易的也有20多个国家。南宋成为中国古代对外贸易史上的鼎盛时期，也加强了中外各国人民之间的经济文化交流。

随着宋代政治经济中心南移，海外贸易开拓的物质基础逐渐坚实，中国沿海地区的海外贸易得到迅速发展，农产品的商品化推动了国内外贸易的发展和繁荣。

出口贸易为宋朝丰富的商品拓展了销路，而进口贸易最直接的反映是使当时人们的生活更加丰富多彩了。在宋朝的皇室贵族、文人雅士中，焚香、熏香（以香熏衣）就跟每日衣食一样不可或缺。有史料记载的宋朝的香料就多达一百多种，其中最常见的香料有乳香、龙涎香、龙脑香、沉香、檀香、丁香、苏合香、麝香、茴香、藿香等。这一百多种香料，有很大一部分都是进口货。宋朝海上丝绸之路的船队，运回的进口货物中香料是很重要的物资。船队归航，泊进沿海港口，等待的商人便把这些香料源源不断运往内地。

海外贸易给宋朝甚至后世带来了深远的影响。它扩大了宋朝与周边国家和地区的经济文化交流，促进了社会经济的发展。南宋，中原地区大半丢失，人口却暴增到 1.5 亿人，人口密度远超今天的很多发达国家，同时还要应对女真人和蒙古族的入侵，军费开支巨大。但是，很难想象的是南宋仍然延续了一个多世纪，一个非常重要的因素，就是发达的海外贸易弥补了财政赤字。

海外贸易也使宋朝东南沿海地区和沿边地区的经济发生了巨大变化，尤其是促进了东南沿海地区商品经济的繁荣。《建炎以来系年要录》记载，江浙居民只要拿出两万文钱财，就可以入股做外贸，把这笔钱交给“海舶”，半年后连本带利可以拿到 5 万文。《夷坚志》的记载中，一位来自泉州的杨客“为海贾十余年”“致赀二万万”，整整挣了两个亿。

城市、乡镇、边境、海上丝绸之路，都是宋朝商人的战场，虽说在宋朝生意好做，可越是好做，竞争也就越厉害。把生意做大做强，并非唾手可得，因此宋朝商人在经营上也逐渐成熟起来，并且总结出一些经营之道。

可以靠长途贩运，赚取地区差价。宋朝的边境贸易、进出口贸易，其实就是这个原理的充分运用。原产地东南地区的茶叶，运到西北地区，能卖高出 6 倍的价钱。所以在贩运的路上，不少商人不辞路途辛苦，往返于遥远的区域市场之间。

可以靠批发交易，获取规模效益。鱼米之乡江南盛产的米，当地人是吃不完的。带好足够的银钱，大量收购，运到外地，批发给中小经销商去零售。大宗商品，批发是最有效率的。让利给中小经销商，专营批发，靠规模取胜是不二选择。同理，茶叶、酒、盐等都是靠批发交易，散布到全国各地经销商的手里。

可以预购商品，保证货源。江南的新米、新茶上市之际，可以提前甚至一年，就向产地的地主农户、茶园主下好定金，签好协议。米茶上市，根据协议中的价格、数量，获得首先供应，收购成本肯定比没有协议的要低，利润也就相应地提高。

可以预测市场，抓住商机。分析和预测市场，从来都是大商人在商业竞争中独占鳌头的重要因素。今年风调雨顺，农业肯定要大丰收，农产品的价格显然是要跌了，经营利润会比往年微薄，那就可以选择今年不做农产品。入秋时节得到一个消息，边防吃紧，朝廷可能要和敌人开战了。那么冬天时官兵的棉衣需求会比平时增多一些。提前做好准备，预定了棉衣，等官府发出告示采购棉衣的时候，就可以直接告诉官员，立等可取。

可以注重宣传，树立品牌。《清明上河图》里鳞次栉比的商铺，有很多以本姓命名的店铺，比如“赵太丞家药肆”“王家罗锦匹帛铺”等。《东京梦华录》里记载了更有趣的店名，比如“丑婆婆药铺”“东鸡儿巷郭厨”等，这都说明宋朝商家已经树立了广告和品牌意识。就连卖环饼（馓子）的小贩，也会打出“亏便亏我也”的口头广告语，意思如同现代的“跳楼大甩卖”，可是显然比后者更含蓄和幽默。临安城里有一家“宋嫂鱼羹”店。宋高宗有一天光临，大赞好吃。于是皇帝成了小店的形象代言人。店里的老板、伙计从此都穿戴锦衣花帽，以显示店铺规格之高。顾客涌上门来，宋嫂也成了远近闻名的富婆。八百年过去了，今天在杭州的楼外楼，仍然可以吃到流传下来的“宋嫂鱼羹”。

可以提高意识，完善服务。宋朝的酒肆，不仅卖酒给顾客，还经营下酒菜蔬。更有经营头脑的，还安排歌舞娱乐供酒客欣赏。如此，顾客自然盈门而至。

具有商业意识和经营之道的商人，在宋朝成为富豪的可能性不是不可预期的，重要的是商业税收增加了政府的财政收入。宋朝政府每年的财政收入最高达到 1.6 亿两白银，北宋中后期为 8 000 万~9 000 万两，即使失去了半壁江山的南宋，年财政收入也有 1 亿两。这些数字，可能太抽象，那就对比一下：南宋灭亡 300 年后，明朝的年财政收入才 1 500 万两白银，这还是明朝的好年份。清朝咸丰年间，政府的财政收入是白银 3 000 万 ~4 000 万两。这时候，距离南宋灭亡已经有 600 年。更何况，宋朝政府的收入，不是靠对百姓的压榨盘剥积累的，而是靠商品经济发达带来的巨额商业税。商人的日子好过，普通百姓的日子也宽松。在它之前，在它之后，在同时代的全世界，没有任何一个王朝能像宋朝这么富有、开明。所以后人评价，唐朝虽然强大，但它是中世纪的夕阳，而宋朝是近代的朝阳。

家给人足的劳作
——农工

所谓盛世，应该是全民性质的。社会的每个阶层，都能有所作为，靠着诚实劳动和聪明才智获取财富，在物质富裕的同时，有着自己精神的追求和心灵的放逐空间。宋朝就是这样的全民盛世。

不妨以宋朝的乡下作为考察。读过杜甫《石壕吏》的人，会知道即使在唐朝那样的好时代，农民也要面临一个严峻的考验——征兵。宋朝之前，官府征兵都是强制性的——义务兵，一个农民家庭，可能因此在生存上失去最强的劳动力。宋朝实行募兵制，军队职业化，而且终身制。愿意把当兵作为一份职业也行，不用担心官府打完仗被遣散回家。不愿意当兵，就愿意种田，官府也不强迫。另外，像挖河、修坝这样的差役，宋朝也是征募制度，没有强拉农民到工地。愿意来，按劳动量给工钱。宋朝在兵役、差役上大大解放了农村劳动力，农民终于可以专注于土地了。

宋朝农民的收入不低。“一夫之田四十亩，出米四石”，宋朝给每个男劳力实授田地四十亩，每亩缴田税一斗，每亩粮食产量六七石，税率就是 1.5% 左右。经过计算，缴完田税后，每个农村男劳动力，一年还能剩余三万斤粮食，除了自给自足，剩余的都可以拿到市场上卖。

宋朝土地可以买卖，只要不偷懒不败家卖地，作为一个宋朝农民，富足的生活不在话下。那些在土地上用心经营，又懂得勤俭持家的农民，攒了钱去买土地，再拿出去租种，如此循环，最终逆袭成为地主的也大有人在。

即使在乡村最穷苦人家，温饱也不是太大的难题。北宋张耒的一首诗写道："山民为生最易足，一身生计资山木。负薪入市得百钱，归守妻儿蒸斗粟。"一个砍柴郎，以卖柴为生，每天可以有一百文的收入。另有记载，一名乡下的农妇，靠给人缝补浆洗，每天也有一百文的收入。宋朝每个人每天最低程度的温饱需要二十文，也就是说，一个砍柴郎，或者一个帮人做杂活的农妇，可以提供五口人的最低温饱。

回到宋朝的城里，在一个中等城市，一家酒店的杂工，日工资大约是二百五十文，不能再低了。史料记载了一个叫乐生的湖北人。他就是做小买卖的，每天只要赚足一百文就收摊，回家吃完喝完，吹笛子、唱歌自娱自乐，精神享受去了。

要是有一门技术在手，那进工厂是最合适了。北宋时就出现了世界历史上最早的制造工厂和加工工厂。如造船厂、火器厂、造纸厂、印刷工厂、织布厂、各地的官窑等。南宋时的军器所工匠竟达七八千人，有徒工一千二百余人。绫锦院织工达到四百余人。除国办的工厂外，一些私办的工厂也相继大量出现与繁荣。有技术的人在这些工厂里绝不会被埋没。

有一个宋朝普通工人的故事相当励志，后来他做了一件影响世界的事，他就是活字印刷术的发明者毕昇。

毕昇一开始就是北宋一个印刷铺的工人，负责手工印刷。他在印刷实践中，深知雕版印刷的艰难。雕版印刷的一块版，对应印刷书籍的一页。这一页书里的所有文字，雕刻在一块完整的版面。一部书所有的版面，虽然可以重复利用印刷，但内容也仅仅是重复这本书，既笨重费力又耗料耗时，还需要比较大的存放空间，有错字又不易更正。

毕昇发明的活字印刷方法既简单灵活，又方便轻巧。其制作程序为：先用胶泥做成一个个规格统一的单字，用火烧硬，使其成为胶泥活字；然后把它们分类放在木格里，一般常用字备用几个至几十个，以备排版之需。排版时，用一块带框的铁板作底托，上面敷一层用松脂、蜡、纸灰混合制成的药剂。然后把需要的胶泥活字一个个从备用的木格里拣出来，排进框内，排满就成为一版。然后，再用火烤，等药剂稍熔化，用一块平板把字面压平，待药剂冷却凝固后，就成为版型。印刷时，只要在版型上刷上墨，敷上纸，加上一定压力，就行了。印完后，再用火把药剂烤化，轻轻一抖，胶泥活字便从铁板上脱落下来，下次又可再用。

毕昇的活字印刷术一经使用，他的师弟们禁不住啧啧赞叹。一位小师弟说：“《大藏经》五千多卷，雕了十三万块木板，一间屋子都装不下，花了多少年心血！如果用师兄的办法，几个月就能完成。师兄，你是怎么想出这么巧妙的办法的？”

毕昇说：“是我的两个儿子教我的。”

师弟们面面相觑：“你儿子？怎么可能呢？他们只会‘过家

家’。”

毕昇笑着说：“你说对了！就靠这‘过家家’。去年清明前，我带着妻儿回乡祭祖。有一天，两个儿子玩过家家，用泥做成了锅、碗、桌、椅、猪、人，随心所欲地排来排去。我的眼前忽然一亮，我何不也来玩过家家：用泥刻成单字印章，不就可以随意排列，排成文章吗？这不是儿子教我的吗？”

毕昇说是儿子教给他的活字印刷术，当然有谦虚的成分，可是他的发明，是印刷史上的一次伟大革命，是中国古代四大发明之一。从 13 世纪到 19 世纪，活字印刷术传遍全世界，全世界人民都称毕昇是印刷史上的伟大发明家。

这就是一个宋朝普通工人在职业上留给我们的伟大贡献。

有声有色的江湖
——艺人

富裕的宋朝人，不满足于物质消费带来的舒适小康，他们开始关注并投入精神消费的洪流，每一个阶层都能在其中找到精神的放松和愉悦。最可贵的是，宋朝人的精神消费已经商业化，也就是说他们愿意花钱去做精神的休闲和娱乐。市场化的个人精神消费进一步渗入人们日常生活中，人们的娱乐已经不再局限于宫廷、官邸和私宅的高墙和民间自娱自乐的狭小圈子，宋朝人已经有了自己的专业的大型娱乐场所。

宋朝张端义在《贵耳集》中写道："临安中瓦在御街，士大夫必游之地，天下术士皆聚焉。"这里的"瓦"指的是瓦市，这里的"术士"指的是宋朝的职业艺人。

瓦市，史料中又有瓦舍、瓦子、瓦肆多种别称，是当时的大型文化娱乐中心，它也是宋朝市民文化蓬勃发展的标志。

《梦粱录》解释了瓦市名字的由来："瓦舍者，谓其来时瓦合去时瓦解之义，易聚易散也。"北宋都城汴梁和南宋都城临安是瓦市最为兴盛的城市，景象热闹非凡。

瓦市中，大大小小圈起来的演出舞台叫勾栏。勾栏用栏杆或绳索、幕幛等围成，设有戏台、后台和观众席。《东京梦华录》记载："街南桑家瓦子，近北则中瓦，次里瓦，其中大小勾栏五十余座。内中瓦子、莲花棚、牡丹棚、里瓦子、夜叉棚、象棚最大，可容数千人。"可见当时的盛况。

勾栏里的观众席分为神楼、腰棚。神楼是正对着戏台而位置比较高的地方，放着供奉的梨园神之类的牌位，也设有观众席；腰棚就是围着戏台的木制的观众席。观众席中还有等级，有"金交椅"，还有"青龙头""白虎头"。金交椅是留给皇帝坐的，当然是在舞台正中最近处。按照古代"左青龙、右白虎"的说法，"青龙头"在舞台的左侧下场门附近，"白虎头"在舞台右侧的上场门附近，都是最好的位置。观众席里是没有站席的，每个观众都有座位，座位是不编号的，先到先坐。

瓦市的娱乐活动，也带动了商业的发展，《东京梦华录》里说："瓦中多有货药、卖卦、喝故衣、探搏、饮食、剃剪、纸画、令曲之类。经日居此，不觉抵暮。"

作为固定的演出场所，瓦市拥有固定的专业演出队伍，保证了娱乐节目的质量。演出不受时间、天气的限制，早场的节目从凌晨五更便开演，晚场一直延续到深夜。

这样，从规模、配套服务就可以判断，宋朝各色艺人表演的最佳场所便是瓦市、勾栏，因为这里不缺观众，自然也就不缺票房。当然，能进入瓦市勾栏进行表演的，也绝非一般艺人有这个资格。可以说，瓦市勾栏里的依然，就是当时的明星，自由追捧他们的大量人在。

这些身怀绝艺，名头甚响的艺人，带来节目也是精彩纷呈。如果做个大致的分类，这些节目主要包括：曲艺、戏剧、杂技和武术等。

曲艺，主要的表现形式是说唱，分说与唱两类，主要的节目有：

讲史，说历史故事。苏轼《东坡志林》里说道，家长烦孩子调皮，就会给他们钱，打发他们去听讲史。艺人讲三国故事时，小孩子听到刘备战败就会跟着皱眉流泪，听到曹操战败就会高兴地又唱又叫。

说经，讲说儒佛经书，南宋临安张廷叟就是以说《孟子》而出名的艺人，《大唐三藏取经诗话》是当时人们最喜爱的说经节目。

小说，由讲史发展而来，题材以烟粉、灵怪、传奇、公案等为主，表演时有乐器伴奏，当时又称小说为“银字儿”。

鼓子词，说唱时用鼓作为伴奏而得名。伴奏乐器除了鼓以外，还有管、弦乐，并有和声，它是文人士大夫尤为钟爱的节目。北宋时，《元微之崔莺莺商调蝶恋花词》将说与唱，伴奏与和声完美结合而达到很高的艺术水平。

诸宫调，采用不同宫调的曲子组成叙事小单元，演唱传奇灵怪的故事。

合生，以说为主，中间穿插歌舞。最具特色的是，它有即兴表演的成分，能指物题咏，根据观众的要求随机应变，滑稽玩讽是它的风格。

商谜，类似于今天猜谜游戏的节目，会先用鼓声招揽观众参与猜谜。

说诨话，以滑稽幽默的十七字诗为主要形式，类似于今天的单口相声。

吟叫，将原本商贩叫卖之声升华为娱乐表演，以响亮优美，悦耳奇特为最佳。

嘌唱，以击鼓敲盏等打击乐伴奏歌唱的令曲小词，因为内容比较低俗，受到文人士大夫的批评。

唱赚，吸收了当时流行的各种乐曲以及少数民族音乐之长的说唱艺术，形成自身独特的错落有致的风格，内容涉及很广，山水之情、风花雪月、金戈铁马无所不包，所以不仅盛行于瓦市勾栏，也常常出现在士大夫的宴席和寺院的盛会上。

人文社会的氛围，使得宋朝的戏剧在前人基础上获得高度发展，主要有杂剧、南戏、傀儡戏和影戏等形式。

杂剧，相对独立的舞台艺术，从过往的散乐或百戏中摆脱出来，风格以滑稽讽刺、插科打诨见长，角色多为官人、状元进士。杂剧主要流行于都城及其周围地区，史料记载四川等地也有，如南宋蜀地僧人大觉禅师有诗云：“戏出一棚川杂剧，神头鬼面几多般。夜深灯火阑珊甚，应是无人笑倚栏。”

南戏，南宋长江以南的戏剧，它最早产生于两宋之交的温州，故又名温州杂剧或永嘉杂剧，流行于浙江、福建等沿海地区。南戏中的历史戏《鸿门宴》《霸王别姬》《东晋》《西都》等，故事戏《夸父追日》《昆仑奴》《赵贞女》《王魁》等，都算的上当时的“大片”，为人们耳熟能详。难能可贵的是，南戏艺术和之前单纯的歌舞戏或讽刺剧迥然不同，故事内容、人物角色、音乐唱腔、表演技术、服装道具和脸谱化妆等元素一应俱全，作为完整的艺术形式给人们带来巨大的艺术享受。

傀儡戏，就是木偶戏，在宋朝极为流行。“悬丝傀儡”用线提牵，“杖头傀儡”用木棍操纵，“肉傀儡”则是手举小儿模仿傀儡，“药发傀儡”用火药燃烧爆炸增强表演效果，“水傀儡”在船上或水上表演，可谓形式丰富。《梦粱录》中记载，傀儡戏的内容，主要“敷演胭粉、灵怪、铁骑、公案”及“史书、历代君臣将相故事”。傀儡戏不仅在民间广受欢迎，甚至走入宫廷，比如在宋理宗的一次祝寿宴上，傀儡戏《踢架儿》《鲍老》和《群仙会》就曾连续进行了三次表演。

影戏，即皮影戏，在宋朝风靡一时，内容以讲史为主，正史野史相伴。宋仁宗时，有影戏艺人表演三国故事，当演到关公败走麦城被斩之时，观众纷纷落泪感慨。对于影戏的这种高超艺术表现，洪迈在《夷坚志》中赞叹道：“三尺生绡作戏台，全凭十指逞诙谐。有时明月灯窗下，一笑还从掌握来”。

杂技在宋朝，表演的重点由宫廷走向民间，因此获得更广泛的拥趸，节目也更是花样百出：

爬竿，别称缘杆，宋朝常见的杂技节目之一。表演时，先将几丈长的杆子固定在地上，表演者缘杆而上，并在杆上作出各种惊险优美的动作。

口技，最具代表性的当推“百禽鸣”。《梦粱录》记载，在宫廷祝寿宴席上，口技艺人表演“百禽鸣”时，“内外肃然，止闻半空和鸣，鸾凤翔集。”这种惟妙惟肖的口技，恐怕今人也很难企及。

动物表演，主角则是大象、熊、猴子、马、羊、驴、乌龟、鱼、蛇、蚂蚁等，有着无限新奇的乐趣，比如熊耍棒子，鱼鳖起舞，乌龟迭塔等。

幻术，即魔术。《铁围山丛谈》记载了一位幻术表演艺术家，几十个人抬举的一艘船，他能瞬间变消失。在御楼前表演时，“上下莫不骇异”。

踏索，类似于今天的走钢丝。当时的人们惊叹于表演者踏索居然“快若风雨”。

马戏，在驾驭马的同时，做各种惊险动作，比如射箭、耍兵器、倒立、镫里藏身等，时时引得观众欢叫惊呼。

艺人众多，节目繁博，使得瓦市勾栏存在激烈的市场竞争，刺激着艺人个个刻苦学艺，表演的更高境界发展。艺人中，技高者立足，甚至终身在勾栏表演；技逊者走人，并不能再立足于勾栏。被淘汰的艺人，又叫“路歧人”，加入街头流浪艺人的行列，甚至被逼出京都。观众的评判与需求是衡量演出质量的杠杆，因此艺人视观众为上帝，演出异常卖力。

瓦市勾栏的常客，除了人量的市民阶层，官员、士大夫阶层也常出没其中，他们的趣味进一步摆脱贵族化倾向，与民间俗文化接近，这对于社会文化融合有着极大的益处。

同时，南宋时教坊制度的废止，大批宫廷乐人被迫流入瓦市勾栏，上流社会的雅文化与民间俗文化互相影响，这是宋朝文化发展的一个侧影。

瓦市勾栏里，各阶层人的混合，文化价值取向的趋近，雅文化与俗文化的交融，其实正是盛世在社会生活中表现。作为宋朝都城的汴梁、临安，以如此多彩的文艺活动，折射出它们在历史上少有的开放精神和文化胸襟。

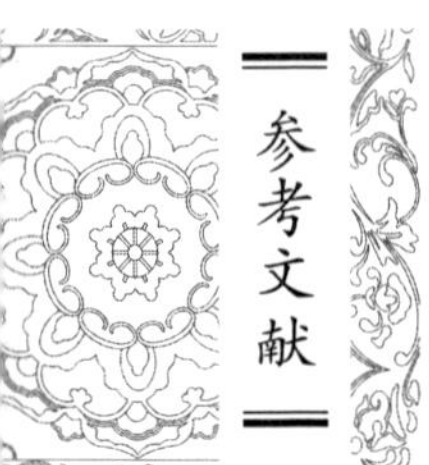

参考文献

[1] 脱脱，等 . 宋史 [M]. 北京：中华书局，1985.

[2] 孟元老 . 东京梦华录 [M]. 王永宽，译 . 郑州：中州古籍出版社，2010.

[3] 吴自牧 . 梦粱录 [M]. 西安：三秦出版社，2004.

[4] 周密 . 武林旧事 [M]. 杭州：浙江古籍出版社，2011.

[5] 孟元老，吴自牧，耐得翁，西湖老人，周密 . 东京梦华录（外四种）[M]. 北京：中华书局，1962.

[6] 徐松 . 宋会要辑稿 [M]. 上海：上海古籍出版社，2014.

[7] 朱瑞熙，等 . 辽宋西夏金社会生活史 [M]. 北京：中国社会科学出版社，1998.

[8] 游彪，等 . 中国民俗史（宋辽金元卷）[M]. 北京：人民出版社，2008.

[9] 徐吉军，等 . 中国风俗通史（宋代卷）[M]. 上海：上海文艺出版社，2001.

[10] 任崇岳，等 . 中国社会通史（宋元卷）[M]. 太原：山西教育出版社，1996.